SATPREM

GRINGO

Satprem

Gringo

Institut für Evolutionsforschung

Titel der französischen Originalausgabe: *Gringo*
© 1980 Éditions Robert Laffont, S.A., Paris.

Deutsche Übersetzung von Hansruedi Höhener

Deutsche Erstauflage

ISBN 978-3-910083-24-0

© 2012 Institut für Evolutionsforschung

für

Mutter,

die Vorfahrin der Evolution

Inhaltsverzeichnis

Zweiter Teil

Das Tor zur Neuen Welt

Die Erfahrung des menschlichen Lebens

auf einer Erde

spielt sich heute nicht zum ersten Mal ab.

Sie hat sich schon

Millionen Male abgespielt,

und das lange Drama wird sich noch

weitere Millionen Male wiederholen.

In allem, was wir heute tun,

in all unseren Träumen,

unseren raschen oder schwierigen Erfüllungen

greifen wir unbewußt auf die

Erfahrung zahlloser Vorläufer zurück,

und unsere Arbeit

wird uns unbekannte Planeten

und noch nicht geborene Welten befruchten.

— SRI AUROBINDO

Und wieder begann das Spiel von vorn.

Es war einmal, vor hundert Millionen Jahren, nach vielen vergeblichen Versuchen und nutzlosen Geschichten – nach Freuden und Leiden, fabelhaften Errungenschaften, gigantischen Zusammenbrüchen, und immer wieder dieser Freude, die unablässig drängt wie die geheime Blüte all dieser Welten und Gestirne. Eine Million Sterne, eine Million Welten, und stets dieses Mühen eines kleinen Schößlings, eines Menschen oder eines Vogels oder eines rosafarbenen Leguans am Ufer eines Wildbachs, oder einer noch ungeborenen Spezies unter dem Blick großer flackernder Sterne.

Kind des Menschen, wurde dieses große Spiel für dich in Bewegung gesetzt, kleidet sich diese kleine Freude für dich in Millionen Schmerzen und Zierat, oder soll deine Reise noch einmal von vorn beginnen unter den großen unruhigen Sternen?

Es war einmal mehr vor hundert Millionen Jahren: Propheten waren gekommen und wieder gegangen, goldene und stählerne Triumphe, unumstößliche Wahrheiten, stets neue Heilsversprechungen auf anderen Planeten und immer diese kleinen sterblichen Menschenkinder, es ist eben für später. Später. Für wann denn?

Das Märchen aller Märchen, endlich DAS.

Oder soll es nie sein ... niemals?

Ein winzig kleiner Schößling, an den Fels geschmiegt, zartgrün, wie eine Sternentraube im Rauschen der Flut,

Licht und Wasser trinkend, im ewigen Spiel für keinen Blick, für keinen je geborenen Kolibri, keinen zukünftigen Menschen – ein reines Grün ... „Noch einmal", murmelt er, „immer wieder", im Entzücken eines frischen Wassers, das zum Meer fließt.

Drehen sich diese Galaxien für eine kleine grüne Alge?

Sie haben sich immer gedreht und werden sich immer drehen, aber wann werden sie sich für die Freude eines Menschenkindes drehen, allein dafür?

Und die Erde sprach: „Versuchen wir es noch einmal."

I

Die Große Reise

Einst, in einem dunklen antarktischen Kontinent, erzitterte die Erde. Brennende Geysire loderten zum Himmel. Die Schreie der Vögel und Makakaffen erstickten in bleiernem Schweigen, als die dicken, mit Blitz und Regen getränkten Wolken die grünen Hügel in ein sanftes Leichentuch einhüllten. Und die Erde geriet aus ihren Fugen.

Sie begann zu knirschen wie ein gigantisches Schiff auf einer geborstenen Basaltschicht, schwankte und ließ durch tausend klaffende Risse ein zischendes Gemisch aus wütender Lava und kochendem Wasser entweichen; langsam begann sie auf ihrem Granitgrund zu schlingern, ein versteinertes Australien zurücklassend, und gewann in einer verheerenden Gischt das Weite.

Vielleicht gab eine vergessene Möwe im wirren Tauwerk der alten Welt einen letzten Schrei von sich.

Eine Kette gestrandeter Smaragde hinter sich lassend glitt die Erde in die blauen Wasser. Andere Welten versanken mit Mann und Maus samt ihren zweifelhaften Weisheiten und einigen anmaßenden Triumphen, während eine kleine grüne Alge, die sich an ihren Felsen schmiegte, und vielleicht auch einige Menschen mit großen träumeri-

schen Augen auf einem flachen, rosafarbenen Indien
einem barbarischen Kontinent entgegendrifteten.
Es kreisten die Sterne wie eh und je, mit den unerschüt-
terlichen Epochen und Äonen. In einem gewaltigen Gur-
geln verlor das riesige Floß einen abgebrochenen Teil
eines rauschenden, schweren Afrikas und setzte seine
Fahrt nach Westen fort, immer westwärts, geladen mit
einem Knistern und Krachen und einer zaghaften Hoffnung gleich einem Flügelschlag.
Da lag Amerika, wie ein großer, grüner Hai, der seine
Silberflosse im tobenden Wasser ziehen ließ. Vor hundert
Millionen Jahren war's, vor oder nach dieser Epoche und
nach so vielen vergeblichen, grausamen und dürstenden
Epochen, unterwegs, stets unterwegs nach einem Menschenkind oder einem Leguan mit einem endlich besänf-
tigten Herzen, vielleicht einem neuen Herzen, das alle
Sterne und alle Märchen der Gestirne in seinem leichten
Netz mit sich führen würde.
Was war denn das Ziel dieser großen Reise nach so
vielen Schmerzen, versunkenen Pyramiden und Legionen
kleiner toter Menschenkinder – wofür? Zum Ruhm welchen Himmels, welchen Gottes, welcher heiliger Satzun-
gen, welchen Grabmals prähistorischer Weisheit und
untrüglicher Elektronik? Wo ist die Erde? Wo denn, die
Erde einer kleinen grünen Alge, von einem so reinen
Grün, so rein klingend und so köstlich, von einem Menschenkind, so rein sich selbst, am Ufer der großen Flut?
Mit einem letzten Schulterstoß versank das alte Floß in
den Untiefen des Pazifiks, einen Kataklysmus von Gischt
und Schnee aufwerfend, so wie dort drüben einen friedlich thronender Himalaya, für ewig einverstanden mit der

langsamen Mühe der Freude unter den erstickten Schreien der Makakaffen und der kleinen gierigen Menschen.

Einmal mehr begann die Geschichte von vorn.

II

Gringo und die grüne Schlange

Der Regen fiel, gewaltig, äquatorial, endlos, auf das
große wogende Grün des amazonischen Urwalds, jedes
kleine Blatt von Millionen Bäumen benetzend, wie eine
Liebkosung für jedes davon, wie ein lauwarmer Schauer
auf der sanften Haut der Hügel, die Schmerzen, die Zeitalter und Erinnerungen wegwaschend, riesige schäumen-
de Flüsse vor sich hin wälzend, kleine Wasserfälle bildend,
gleichmäßig, unerschütterlich, barmherzig, die Leben
und die Tode und die lange Folge der Tage mit sich
tragend im gleichen nassen Fall, bisweilen zerrissen vom
rauhen Schrei eines Aras, der plötzlich wie eine erste
Wunde des Lebens auf einer Ewigkeit von Schweigen
ertönte.

Und wieder das wogende Grün, wieder der Regen, das
gewaltige Murmeln gleich einem Gebet.

Darauf verstummte alles.

Und dann schien die Sonne und tauchte den Urwald in
ein flimmerndes Delirium von tausend verschiedenen
Grün, in eine schillernde wilde Flut, die in Myriaden von
Perlen explodierte, und dieser Ansturm von Düften in
einer Auflösung von morschem Holz und Farn.

Ein heller Strahl brach durch auf eine Lichtung.

12

II – Gringo und die grüne Schlange

Dort saß ein kleines Menschenkind, am Ufer des Igapo[1], allein, nachdenklich, den Kopf auf die Hände gestützt. Es war nackt bis auf einen Reif aus Herzmuscheln unter seinem rechten Knie. Seine Haut war kupferfarben wie der Widerschein der Sonne auf dem Stamm des Balsabaumes. Sein Körper war zäh wie eine Liane und vollkommen ruhig. Man nannte ihn Gringo, den „Fremden". Er mochte fünfzehn Jahre alt sein, und das Wasser tropfte von seinen braunen Haarsträhnen. Seine Stirn war hoch und breit wie die einer Ikone. Nichts regte sich. Zwei eindringliche Augen schauten auf … was?

Die Zukunft, die Vergangenheit? Oder auf diesen einzelnen,

sich an das zarte Moos des Balsastammes klammernden Wassertropfen? Dann begann eine Grille zu zirpen auf einem hohen Zweig über dem Igapo, eine zweite Grille und noch eine, ein Wechselgesang unter dem großen von der Sonne aufgerissenen Gewölbe: ein tiefer Ton, der immer höher stieg, ineinander verschmolz und in einer immensen durchdringenden Note erstarrte, die den ganzen Igapo umschloß. Der Ton versank in den rosafarbenen Stielen, verlor sich in einem Labyrinth von Lianen, verklang schließlich in der Ferne auf den ersten Hügeln der Serra, um noch einmal zurückzukommen und den stillen Igapo mit seiner einzigen schrillen, betäubenden, unermüdlichen Note einzuhüllen gleich einer rauschenden Flut oder einem Gebet aus der Tiefe verlorener Zeitalter.

Er schreckte zusammen und … ssst, schwirrte ein Pfeil an seinem Ohr vorbei, um eine kleine grüne Schlange auf

---

[1] *Igapo:* Binnensee oder Sumpf.

dem Baumstamm vor ihm zu durchbohren, eine so schöne
Schlange, grün wie ein eben aufgebrochener Schößling.
Wie eine Vergewaltigung.
Die Schlange wand sich um den Pfeil.
Gringo hatte sich nicht gerührt, er wußte.
Und sein Herz zog sich zusammen wie durch einen
bohrenden Schmerz.

Morsche Zweige krachten, und dann dieses abscheuliche, maßlose, aus dem Bauch kommende Lachen:
– Na, Gringo, keine Angst?
– Du vergeudest deine Pfeile, antwortete Gringo
schlicht, ohne seine Wangen loszulassen. Seine Hände
aber waren weiß geworden. Dann fügte er ruhig hinzu:
– Du wirst Jacko doch nicht essen, oder?

Jähzornig zog der Mann seinen Pfeil aus dem Stamm
und fiel dabei fast in den lauwarmen Schlamm des kleinen
Sees. Er löste Jacko und warf ihn auf die Knie Gringos.
– Der nächste ist für dich. Der Igapo gehört mir.

Und in einem matschigen Plätschern ging der Mann
davon.

Langsam nahm das Menschenkind die Schlange in
seine Hände: sie zuckte immer noch. Dann schloß es die
Augen.

Die Grillen nahmen ihren hohen unermüdlichen
Gesang über dem goldgetüpfelten Igapo wieder auf.

III

Die Höhle

Es war wie eine Höhle, tief und finster. Gringo stemmt sich gegen die Wand – sein ganzer Schmerz war darin enthalten. Und es war wie eine Unendlichkeit von angehäuften Schmerzen, niemand weiß woher. Es hatte keinen Namen, keinen Sinn, aber es tat weh; vielleicht war es alt – o ja, es war sehr alt, sicher so alt wie das Wachsen eines ganzen Baumes, vielleicht sogar vieler Bäume. Es ging weit, weit zurück, bis auf den Grund dieser finsteren Höhle. Und Gringo verstärkte seinen Druck gegen die Wand. Die kleine grüne Schlange hing kalt und schlaff gegen seinen Oberschenkel. Sie war tot. Das war es, der Tod: eine Höhle aus Schmerz. Gringo drang tiefer und tiefer in die Höhle – es war endlos. Kein Ton war zu vernehmen, nichts: nur dieser Schmerz, ein nackter Schmerz. Für nichts. Die Wände selbst bestanden aus Schmerz. Und es war so alt, etwas, was Gringo nicht verstehen konnte, als erdrückte ihn plötzlich die ganze Last von ... was wohl? Viele Male schon war eine tote Schlange auf seinem Oberschenkel gelegen, tote Vögel, ganze tote Stämme, ermordet wie der seine. Er war sehr alt, der Tod. Eine sehr alte Höhle. Und ein grobes Menschengelächter, oh, dieses Lachen ... der ganze Schmerz war darin enthalten. Dann die plötzliche Einsamkeit im

Urwald, nichts teilte sich mehr mit. Nur noch Gringo, allein: Gringo, „der Fremde". Nein, ich will nicht!

Und Gringo hielt seine kleine tote Schlange umschlungen, er stemmte sich gegen die Wand dieser Höhle, als gälte es, bis ans Ende zu gehen – nie mehr würde er die Augen wieder öffnen und im Wald pfeifen können mit dieser Höhle in der Tiefe seines Herzens. Man kann nicht mit dem Tod in sich leben. Es galt, den Tod zu töten. Dann plötzlich der Grund der Höhle. Eine glatte, vollkommen schwarze Wand, wie unter dem Wasserfall oben auf dem Hang der Serra. Man konnte nichts tun, es war schwarz für immer.

Draußen ertönte der Schrei eines Papageis. Das Leben, der Urwald. Aber es würde nie wieder sein wie zuvor. Niemals mehr würde es das Leben sein: es war von Grund auf verdorben.

Darauf öffnete Gringo die Hände und ließ seine kleine Schlange los. Gringo versank in einen nackten Schmerz. Alles wurde äußerst reglos, jenseits aller Schreie, selbst jenseits des Schmerzes – jenseits wovon? Es war kein Schmerz mehr, einfach ein Nichts: ein fast erstickendes massives Schweigen, als würde sein Leben dort aufhören, als wäre sein ganzes Wesen in einem kleinen schmerzerfüllten Winkel gesammelt, bohrend und zerbrechlich – so wie ein ganz schwacher Hauch auf dem Grund, diesem uralten Grund, der alle toten Stämme und alle toten Schlangen und alle Tode der Toten umfangen hielt: dort, wo das beginnt. Ein erster leichter Atemzug unter Schichten und Schichten von Schwarz. Dort gab es keinen Sinn mehr. Einzig ein kleiner reiner Atem wie ein Vergessen von allem, außer diesem kleinen pochenden Punkt. Ein Vergessen von allem.

III – Die Höhle

Er war warm und süß, dieser kleine Punkt, wie die Höhle eines Nests.

Wie der Anfang der Welt.

Es war das reine „Ich liebe".

Es war das einzig seiende Ding. Da öffnete sich unten auf dem Grund der Höhle ein Riß. Ein kleiner Lichtschimmer, weiß wie eine Wolke. Kreisrund und so sanft; es schien ihm, als würde er davon eingesogen. Und dann versank er in den weißen Brunnen. Die Wände stürzten ein und lösten sich in nichts auf; es gab keine Höhle mehr, keinen Tod mehr, wie merkwürdig! Und es wuchs und wuchs, Gringo war erfüllt von einem weißen Gestäub, einem sanften Kissen zärtlichen Lichts, wie Blütenstaub: es zog sich zusammen und weitete sich, zog sich zusammen und weitete sich …, ein warmes Pochen gleich einem Vogelherzen, das alles erfüllte, einfach alles. Es gab keinen Gringo mehr: die Welt war wie ein weißes Pochen, das eine kleine Schlange, einen Basilisken, ein Blatt im Wind oder ein kleines Menschenkind, egal was, hervorbrachte.

Es war sogar ein wenig golden.

Wie ein anderes Leben.

Oder das gleiche Leben, aber so anders.

– He!

– Er sank fast um vor Schreck. Eine warme Hand hielt seine Schulter. Seine Augen blinzelten. Die kleine grüne Schlange regte sich zwischen seinen Fingern und rettete sich in den Igapo.

Vor ihm erschien ein rundes Gesicht mit einem roten Stirnband. Es war sein Freund Quino.

– Nanu, du siehst aber komisch aus!

17

Er war vielleicht dreizehn Jahre alt, seine Haut war wie mattes Gold. In der Hand hielt er eine Flöte. Sie lachten beide hellauf, und es tat so gut zu lachen. Die Nacht fiel herein; der ganze Igapo überzog sich mit einem rosigen Moiré. Die Mücken kamen, surrten einem um die Ohren und stachen. Gringo hob seine Matte aus Baumrinde auf und umhüllte sich mit einer einzigen Bewegung. Er war schön, aufrecht vor den in Rosa getauchten Stämmen stehend.

– Man würde meinen, du kämest von den Schneebergen, wie Mâ.

Die Frösche begannen ihre Instrumente zu stimmen, zuerst ein einziges kleines und ganz klares Silberhämmerchen, gefolgt von dutzend anderen und schließlich ein dumpfes Gequake. Der Nachtgesang setzte ein.

– Quino ... und wenn man fliegen könnte?

Quino streckte seine Nase in die Luft, saugte die Luft tief ein und kratzte sich hinter dem Ohr.

– Meiner Treu ... das muß ich meine Flöte fragen.

Er kratzte sich noch einmal hinter dem Ohr und zog sein Stirnband weiter herab.

– Heute abend haben wir nichts zu beißen.

Schweigend nahmen sie den Weg zur Hütte wieder auf.

Aber etwas blieb wie Feuer auf Gringos Stirn geschrieben: „Es gilt, den Tod zu töten."

Und plötzlich dachte er: „Aber großer Gott, meine Schlange war doch tot!"

IV

Der Große Atem

Der Hunger.

Gringo wollte keinen Hunger haben, es war demütigend. Es war widerlich. Trotzdem …

Die winzigen Nektarvögel hatten keinen Hunger: sie flatterten und flatterten wie in einem Tanz an Ort und Stelle, um dann plötzlich, wie verstohlen, wie in einem Anflug von Lachen den Kelch einer Blüte zu küssen, einfach weil er schön war, und schließlich braucht ein einsamer Blütenkelch Gesellschaft. „Aber immer wieder Pökelfisch … von Vater zu Sohn weitergegeben." Übrigens hatte er keinen Vater. Er war also nicht der Sohn – was war er dann? Weder Krokodil noch Nektarvogel noch Tukanoan-Indianer. Ein inexistenter Bastard eben. Trotzdem …

– Willst du dich von hier verziehen, du Nichtsnutz!

Das Schimpfen einer Männerstimme hinter der großen Hütte. Eine blaue Rauchfahne stieg zum Himmel.

– Kannst nicht jagen, kannst nicht weben, kannst nicht fischen … was?

Wenn Gringo heute immer noch lebte, so durch die Gnade der Alten, sonst läge er mit seinem ganzen Stamm schon lange tot in einem Loch des Rio Xingu. „Der gehört mir", hatte sie gesagt, und niemand hätte der Alten zu

widersprechen gewagt – obwohl … auch da regte sich seit
einiger Zeit grollender Widerspruch.

Gringo ging langsamen Schrittes davon, würdig, gelas-
sen, seinen ewigen Rindenumhang wie einen Schal um
den Hals gehängt. Er war schlank, mit langen Muskeln, als
ob er sie verstecken wollte. Er konnte sehr gut auf Bäume
klettern, aber das wollte er nicht verraten. Wozu auch?
Mit einem genau abgemessenen Satz sprang er wie ein
Moorreh über einen morschen Baumstrunk und zögerte
einen Moment lang vor dem Weg zum Igapo: ein Schild-
krötenei wäre jetzt nicht schlecht. „Der Igapo gehört mir."
Mir, mir … und mein und dein. War das nicht eine
seltsame Welt? War der Nektarvogel, der Jakuaru[1], die
große Pamba[2] etwa „ich"? Wo denn begann es nach „ich"
zu riechen? – Ja, gelegentlich war Gringo auf eine schreck-
liche Art „ich", und genau dies erzeugte den Schmerz.
– Pst!
Er blieb abrupt stehen. Ein gedämpftes Lachen ertönte
im Dickicht.

Es war natürlich Rani, Quinos Schwester, mit ihren
mandelförmigen Augen, die sich auf ihren braunen Wangen wie Vogelfedern abhoben.

Wortlos reichte sie ihm ein Buschmesser und verschwand in einem Krachen von dürrem Geäst.

Ein Mann ohne Buschmesser ist kein Mann, nicht wahr,
aber was ist er denn? Jedenfalls kein Tukanoan. Er zuckte
die Achseln, ging dann noch ein wenig weiter, schaute
nach Osten, schaute nach Norden … die Savanne oder die
Serra? Aber nicht doch, zum Wasserfall wollte er, oder
vielmehr, zogen ihn seine Füße. Wie merkwürdig, in so

[1] *Jakuaru:* grosse Eidechse.
[2] *Pamba:* Schlange.

20

einem Fall waren es immer Quinos Füße, die das Sagen hatten. Seine Füße wußten es besser als er. Heute morgen hatten sie sich für den Wasserfall entschieden, aber es lag noch etwas anderes dahinter, er wußte nicht so recht, was – etwas, das ihn magisch anzog.

Er wand seinen Rindenumhang um seine Hüften und begann zu laufen ... und auf einmal gab es keinen Gringo mehr. Da lagen lange, schlangenartig gewundene Wurzeln – er wußte genau, wo man sie anschneiden mußte, und klack! klack! hielt er ein Wurzelstück voller Saft in den Händen, und, den Kopf nach hinten werfend, trank er gierig: es war frisch wie das Leben, es floß in seinen Körper wie ein perlendes Bächlein, ah! noch mehr, noch mehr ... Unversehens sah er sich anschwellen wie ein Seerosenstengel im Igapo.

Der Urwald begann sich in einen ungeheuren Igapo zu verwandeln, in den man versank, wo man sich vollsaugen und durch tausend kleine Fasern und zarte Häutchen alles berühren konnte – ein köstlich leichter Wald. Gringo lief, aber es war etwas Merkwürdiges, er lief, als ob sich seine Beine selbständig gemacht hätten, immer schneller und schneller: sein Herzmuschelreif klapperte. Da waren lange Sipos[1], die quer über den Weg hingen, und hopp! morsche Baumstrünke, heimtückische, frisch angeschnittene Wurzeln, deren eisenharte Kanten bereits mit Blätterbüscheln überdeckt waren, und hopp! Man spürte den Wald durch tausend kleine Poren, und man wußte nicht so recht, ob es jene der Lianen, des Holzes oder des bemoosten Fels waren, und auch nicht, ob die Schlange „Ach-

---

[1] *Sipo:* Liane.

tung" sagte oder der Fuß, der einfach über sie hinwegsetz-
te: ein großes Ding, lag sie da, ganz zusammengerollt,
unbeweglich und blaugrün, und hopp! schon war man
weiter, umgeben von anderen Stämmen und neuem
Gestrüpp ... schnell, schnell, es war eine blitzartige Empfindung, eine merkwürdige Exaktheit, alles reagierte.
Gringo begann stärker zu atmen und – es war zum Ver-
zweifeln! – durch den veränderten Atemrhythmus ent-
stand innen wieder ein Gringo mit diesem gedämpften
Muschelgeklapper. Diesen letzten Anstoß brauchte es
noch: „Und los geht's!" Dies war das Sesam-öffne-dich. Er
beugte sich ein wenig nach vorn, ein letztes Mal spannten
sich seine Muskeln an ... als gälte es, eine Schwelle zu
überschreiten. Worauf sich der große Atem einstellte. Ah,
was für eine Freude!

Der ganze Wald atmete durch ihn, oder er durch den
Wald, und es gab kein „er" mehr, keine Stämme, keine
Baumstrünke, keine Felsen mehr: es lief ganz von alleine,
alles war eins, das Bein und der Kiesel und die kleine
Schlange mit ihrer Färbung von morschem Holz, und so
viele andere Dinge, und diese volle Freude in den Beinen
und im Kiesel, und hopp! man wußte nicht, was über was
hinweghüpfte: es berührte kaum den Erdboden. Dann
sammelte sich etwas an in seinen Lungen wie ein Schwall
von Entzücken oder Lachen, oh, eine solche Freude, die
einen die Augen schließen ließ, ein Atem, ein Rhythmus,
man sah nichts mehr, man kannte sich nicht mehr, ein
ungeheurer graziler Hechtsprung in einen großen Atem,
der wie Lachen war, ein perlendes Lachen, immens,
unauslotbar, allgegenwärtig, heiter sprudelnd wie der Saft
und der Wasserfall, fließend wie die Schlange, mit dem
Blatte bebend ... Dann hob man ab, die Füße berührten

den Boden nicht mehr, die Welt öffnete sich, und man trat in den Tanz ein.

Ein leichter Atem, der wie der Atem der Welt selbst war.

Plumps!

Er ließ sich auf die Erde zurückfallen. SIE war da.

V

Die Begegnung

Sie war unglaublich schön. Aufrecht, wie ein hieratischer Block gegenüber dem hohen Vorhang des Urwalds. Weiß. Als ob sie ganz aus Weiß bestünde. In eine Art Schal eingehüllt, aber nicht aus Baumrinde, von anderswo, ebenfalls weiß, mit ein wenig Honig darin. War sie groß, war sie klein? Alt, jung? Man trat in eine andere Welt ein. Etwas merkwürdig Unbewegtes. Es gab keinen Ton mehr, nichts Vibrierendes mehr: man trat ein in sie wie in eine lichtüberflutete Lichtung und dann wurde man davon ergriffen, gepackt, als versänke man in reglose Jahrhunderte; es gab kein Ich-du, Hieranderswo oder Ich-war und Ich-werde-sein mehr – man war auf und davon, aufgelöst in einer grenzenlosen weißen Zartheit, als kehrte man zurück zur Quelle der Zeit, der Epochen und der Schmerzen, in einem langsamen Flügelschlag für immer über den Wäldern, den Leben, den Toden, unendlich in einer großen Wolke aus zartem Licht. Und dann am Ende ein großer Blick, wie ein Quellbrunnen aus Lachen, der sich auftat. Dann war man auf immer bei sich, auf immer geborgen, und alles war anerkannt, verstanden, geliebt in einem totalen Ja; das Herz schmolz, vom Licht getroffen, und schlug unter einer Million von Flügeln.

V – Die Begegnung

Man wußte nicht, woher sie kam. Manche sagten, von den weißen Bergen im Westen, die die Sonne zurückhielten. Man wußte nicht, wie alt sie war. Sie war alt wie der Urwald und wie alle je geborenen Stämme. Und dann war sie auf einmal jung, ihr Gesicht platzte in ein kristallines, schelmisches Jungmädchenlachen, oh, wie sie sich lustig machte!

– Na, Kleiner, sind deine Flügel gewachsen?

Gringo befeuchtete seine Lippen und holte ein wenig Luft. Und plötzlich, seine Fassung wieder findend, rief er aus:

Mâ, aber wer bist du denn?

Das brachte sie zum Lachen, und jedes Lachen ließ eine Runzel und noch eine Runzel verschwinden, rundete ihre Wangen und vertiefte in der Mitte ein kleines Grübchen – sie war fünfzehn Jahre alt: genauso alt wie Gringo.

– Gib mir deine Hand ... Weißt du, ich bin wahr!

Und sie brach in ein schallendes Gelächter aus.

Einen Moment lang zögerte Gringo und strich sich mit der Hand über das Haar ... Das Bild einer kleinen gebückten Alten, die sich mit ihrem ewigen Kräuter- und Wurzelsack über den Baumverhau bewegte, kam ihm in den Sinn ... Und unvermittelt war sie die kleine Alte ... nicht klein, nein: riesengroß, und mit diesem weißen Licht, das sie stets einzuhüllen schien wie der Morgendunst über dem stillen Igapo. Es war „die Alte".

Gringo rieb sich die Augen.

Sie setzte sich zu ihm auf den Felsen, legte ihren Sack auf den Boden, öffnete ihn, suchte zwischen den Kräutern, den Kieseln, den braunen Wurzeln. Ein Sonnenstrahl fiel auf ihren Nacken. Gringos Herz war merkwürdig gerührt. Und ohne zu wissen, was er tat, ergriff er diese so

Gringo

weiße Hand mit ihren zarten Amethystäderchen und küßte sie.
Sie lächelte aus den Augenwinkeln und wühlte weiter in ihrem Sack.
– Mâ, in der Höhle habe ich den Schneebrunnen gesehen ... und dann hat sich Jacko völlig lebendig aus dem Staub gemacht.
Er räusperte sich, denn er war immer ein wenig scheu bei ihr. Von nebenan hörte man das Geräusch des Wasserfalls.
– Nun, schau mal, sagte sie ... Siehst du diese kleinen Dinger da ...
Sie hielt drei kleine grüne Schößlinge in ihrer rechten Hand.
– Die findet man unter dem Wasserfall. Sie klammern sich an den Fels ... Und siehst du diese beiden Kieselsteine? Kleine Sternchen zeichnen sich darin ab. Gib mir deine Hand.
Sie begann einen Stein gegen den andern zu reiben: ein feines Gepuder fiel in Gringos Hand.
– Die findet man im Bett des Wildbachs. Aber man darf sie nicht nehmen, wenn sie sich grün oder braun zu verfärben beginnen: es müssen viele kleine Sternchen darin sein. Und dann ...
Sie nahm die drei Schößlinge, verrieb sie gründlich in ihrer Hand mit einem Finger und machte eine kleine grüne Kugel daraus, die sie in Gringos Hand mit dem Pulver vermischte.
– Und jetzt iß, du wirst keinen Hunger mehr haben!
Und wieder lächelte sie.

V – Die Begegnung

Um ihr Gesicht, ihre von Falten umgebenen Augen, die
Spott wie Zärtlichkeit verrieten, war diese weiße Zartheit.
Ihre Augen faszinierten Gringo: nie waren sie gleich.

Wortlos nahm er das grüne Kügelchen; es knirschte ein
wenig unter den Zähnen wegen des Pulvers, aber ... so
frisch und herb: fast hätte man den kleinen Regenbogen
am Wildbach darin zu kosten vermeint.

– Mâ, weißt du ...

Er suchte nach Atem, es gab so viel zu sagen, so viele
Fragen, die sich in ihm überschlugen, es galt, alles auf
einmal zu sagen, bevor es wieder in den Schlund zurückkehrte.

– Sie hassen mich.

– Das soll dich zwingen, größer zu sein, unterbrach sie
ihn brüsk.

Sie konnte ebenso ungeschminkt offen wie zärtlich sein.

– Mâ, ich möchte ...

Was er sagen wollte, enthielt so viele unsagbare Dinge,
als ob sämtliche schweigenden Stunden und Tage, in
denen er den Geräuschen des Waldes gelauscht hatte, wie
eine ganze Musik auf ihn, Gringo, einströmten.

– Mâ, schon lange, lange höre ich den Grillen, dem
Wasserfall, den Brüllaffen in der Nacht zu. Und höre ...
was? Auch die Bäume lauschen schon seit langer, langer
Zeit: auf den Regen, die Nektarvögel, den Schrei des
kleinen Tinamu. Was hört man, was ist da am Ende, nach
dem Schweigen, als ob es von weither käme, vielleicht von
den Schneebergen dort drüben? Als ob es weit widerhallen würde, ohne Lärm und ohne Worte. Und innen
brennt es. Die ganze Zeit überkommt mich die Lust zu
laufen, aufzubrechen, als ob ich ... was finden wollte? Das,
was am Ende des Schweigens liegt, wenn die Grillen

27

schweigen und das weitergeht; das, was am Ende des
Regens liegt, wenn der Regen in den Blättern schweigt
und das weitergeht; das, was am Ende der roten Affen
liegt, wenn die roten Affen in der Tiefe des Urwalds
verschwunden sind und das weitergeht – Mâ, so, als ob
man gar nicht wäre! Man ist dort, genau dort, wo es noch
nicht ist. Und wenn ich unterwegs bin, ist es wiederum
nach dem Gehen. Weiter im Westen sind noch mehr
Bäume; im Süden und im Norden, überall gibt es Grillen
und noch mehr Grillen, Nektarvögel, Kaimane – immer
NACHHER, verstehst du? Was liegt am Ende? Die Balsa-
bäume, die Sipos, die Fuchsschwänze, sie wachsen und
wachsen, und immer werden es Bäume sein ... Das ist
verrückt, Mâ! Und ich Gringo, werde immer Gringo sein:
der Meeres-Pirakuru und das Maniokmehl und das Maniokmehl und wieder der Meeres-Pirakuru, und schließlich
wird man mich verbrennen, und es wird andere kleine
Gringos geben, immer noch Gringos – und immer noch
werde ich dem lauschen, was nach dem Schweigen, nach
den Grillen, nach den roten Affen und dem Regen und
wieder dem Regen kommt. O Mâ, bitte sag mir, was
nachher ist, sag es mir! Gibt es etwas danach, oder wird es
für immer brennen?

Er hatte gesprochen, und das Schweigen senkte sich
wieder

herab, begleitet von diesem ewigen kleinen, sprudeln-
den Wasserfall, der immer noch sprudeln wird, wenn die
Gringos nicht mehr da und andere ähnliche Gringos da
sein werden – ein Mensch bedeutet eine Million Menschen, wie die Violettbäume[1] am Ende der Jahrhunderte

---

[1] *Violettbaum:* Amarant, Fuchsschwanz.

aller Jahrhunderte bis zu dem Tag, wo der Planet seine
Menschen- und Schmerzensfracht auskippen wird und die
Sache von vorn beginnt – ein Atlantis, ein nächstes Atlantis
– ein kleiner roter Papagei, eine Schwalbe und ein kleines
Menschenkind, noch immer mit seiner Frage auf einer
Lichtung, wo der hübsche Wasserfall sprudelt und funkelt.

– O Kleiner …!
Sie faltete ihre Hände auf den Knien und schloß die
Augen: Sie war in ein weißes Licht und ein Lächeln gehüllt
und erschien wie die Mutter aller Zeiten, über ihre kleinen
Menschenkinder gebeugt.

– Wie lange schon habe ich auf dich gewartet, der du für
die Erde brennst. Ich habe auf dich gewartet … Ich bin die
Alte der Zeit und habe auf mehr als einer Lichtung gewartet. Mehr als einmal hat man mich verbrannt und begraben; ich habe mich abgemüht, in mehr als einem Menschen gesucht; viele, viele Male hat man mich umgebracht,
verehrt und gehaßt; ich bin gekommen und wieder gegangen, mit Weisheiten und noch mehr Weisheiten, die
nichts ändern, mit Geheimnissen und Wundern, die alle
auf den Grund der Wasser sanken …

Und wieder setzte der Regen ein, dicht und mild, wie
ein Murmeln ohne Ende. Kleine diamantene Tropfen
fielen von ihrem durch einen Knoten zusammengehalte-
nen Haar auf den Nacken. Sie glich einer Statue aus
sanftem Licht, gebeugt in einem Lächeln.

– Aber mein Geheimnis findet sich in keinem Wunder,
keinem magischen Pulver, keiner Weisheit – mein
Geheimnis liegt in deiner Frage, Kleiner.

Und sie öffnete die Hände auf den Knien.

– Durch Generationen kleiner Gringos habe ich auf
deine Frage gewartet und gewartet – wie lange braucht es

doch, bis ein Brandmal reif wird, wieviele Schmerzen braucht es dafür … Sie haben mich wie eine Heilige verehrt, sie haben mich begraben unter ihren süß duftenden Jasmingirlanden und ihren Gebeten um kleine Segnungen und zweifelhafte Triumphe – viele Pirakurus, viel Maniokmehl und hübsche Babies … oder nichtige Träumereien über schlafenden Unermeßlichkeiten. Aber wer, Kleiner, hat lange genug zu brennen gewußt, um das Geheimnis zu entreißen, hat für nichts gebrannt, im Gehen und im Schweigen gebrannt, Schritt für Schritt und Tag für Tag gebrannt, um diese einzige Frage der Erde zum Reifen zu bringen und die Mauern des kleinen Menschenkindes einzureißen?

– Sag mir, bitte sag mir das Geheimnis!

Sie öffnete ihre Augen ganz weit, wie diamantene Tore auf einen blauen See.

– Das Geheimnis läßt sich nicht sagen: das Geheimnis WIRD man.

– Bitte sag es mir, ich kann nicht mehr!

– Betrachte lange den Regen: werde zum Regen. Betrachte lange den Vogel: werde zum Vogel. Betrachte lange das Nichts, das hinter dem Schweigen liegt: werde zu diesem Etwas, das am Ende von allem liegt. Am Ende von allem …

– Mâ, mein Herz schmerzt mich.

– Kleiner, du bist mein, und ich werde dich in meine neue Erde führen.

– Aber das ist so weit!

– Eine Sekunde.

Worauf Gringo die Hand mit den weißen Amethystäderchen ergriff, diese Hand, die so weiß schien:

– Ich werde nicht mehr von dir lassen.

V – Die Begegnung

– Nein, du wirst nicht mehr von mir lassen. Niemals mehr. Ob hier oder dort, mit oder ohne diese Hand, die du hältst, werde ich dich zu meinem lebendigen Geheimnis führen, jenseits des Rufs der Grillen und der roten Affen, jenseits des kleinen Menschenkindes, dorthin, wo der Mensch nach dem Menschen beginnt.

Ich habe gesprochen.

Sie stand auf. Sie war groß und aufrecht und weiß. Ihre unermeßlichen Augen waren offen wie eine Pforte aus Licht. Der Wind säuselte auf der Lichtung. Ein kleiner Tropfen perlte auf Gringos Nase. Das war vor hundert Millionen Jahren hinter dem Vorhang der Bäume und des Regens. Wie eine Sekunde, die leuchtete und die in jedem kleinen Menschenkind, das nach dem Geheimnis dürstet, weiterleuchtet.

Wer will, wer will das Geheimnis wirklich?

– Werde ich dich wiedersehen?

– Jedesmal, wenn du einen Schritt nach vorn getan hast.

VI

Und Plumps!

Jetzt wußte Gringo.

Sein Leben war erschüttert durch ein noch tieferes Erdbeben als das von einst, als in einer Lichtung ein erstes Tier zu denken begonnen hatte – oder war es etwa von alters her die gleiche Erschütterung? Ein erster Aal, eine erste Robbe, eine Goldamsel, eine Spitzmaus, ein herumflatternder gelber Schmetterling: jedesmal explodierte die Welt, als ob sie sich noch nie gesehen hätte. Ein aus den Fugen geratener Blick. Alles stand still und änderte seine Färbung, die Welt war nicht mehr wie sonst. Und plötzlich diese ungeheure Frage: Es gab den Menschen nach dem Menschen, was war das wohl?

Eine nackte Zeit des Stillstands. Versuchte die Erde wohl von Tier zu Tier, sich anders und immer vollständiger zu sehen?

Gringo tauchte seine Hand in den Wildbach und betrachtete sie; sein Gesicht erschien ihm wie ein kupferfarbener Fleck, der sich plötzlich in einem Wirbel kleiner Wasserbläschen verzog, glättete und auseinanderlief. Gringo war plötzlich ein erschreckendes Geheimnis. Sogar seine Augen hatten sich geweitet: das Farn, die ins Wasser getauchten Lianen, die großen, glänzenden Felsblöcke, aus ihrem festgefügten Rahmen gerissen, zeichne-

ten sich alle nacheinander im kleinsten Detail ab und
hielten ihm ihre stumme Frage entgegen. Alles schaute
ihn an. Es war beinahe bedrohlich, dieses Schweigen, das
die Dinge einhüllte, das galt sogar für den durchscheinen-
den, bewegungslosen Nadelfisch mit seinem gegen den
Fels gepreßten Bauch. Nichts mehr war zum Essen oder
zum Trinken da, oder um zu gehen und sich festzuklam-
mern oder um den Lauf der Sonne auf den grünen Stufen
des großen Kapokbaumes abzumessen – alles war für etwas
anderes bestimmt. Aber für was denn? Schaute ein erstes
kleines denkendes Tier im alten Karbonzeitalter mit
einem anderen Blick auf die sich verändernde Erde? Es
schaute und schaute, und auch Gringo schaute und schaute. Dieser Blick war beinahe schmerzhaft.

Gringo fühlte sich auf einen Schlag erstaunlich allein.
Wie wird man zum Menschen nach dem Menschen,
dort, ganz auf sich allein gestellt, mit Millionen von Bäumen um sich herum, die immer wieder von vorn beginnen
und Millionen kleiner Tiere, die sich im ewig gleichen
Kreise drehen, und einigen Stämmen wie seit jeher und
für immer? Wie soll sich das verändern, wie? Und was
denn? Konnte es sich überhaupt ändern, und an welchem
Ende?

Dicht unter der Wasseroberfläche, reglos zwischen den
Kieseln und von kleinen Bläschen umgeben, funkelten
zwei gelbe, schwarz gesprenkelte Augen: die von Jakaré,
dem Kaiman. Ein kleiner Kaiman, der ihn anschaute,
seine hornigen Augenbrauen zusammenziehend – ein
Festmahl. Der Schwanz des Kaimans schmeckte köstlich.
Wäre jetzt Vrittru, der Arrogante, mit seinen bösen Pfeilen
da, hätte er leichtes Spiel … Ganz vorsichtig tauchte
Gringo seine Hand in die klare Strömung – hatte man je

33

einen Kaiman erwischt, indem man ihm die Finger ins Maul steckte? Gringo wußte nicht, was er tat, ja, er hatte nicht einmal vor, den Kaiman zu fangen; vielleicht wollte er einfach spielen? Er schaute in diese kleinen, in der Höhlung eines schuppigen Dreiecks liegenden gelben Augen; er sah alles und nichts.

Und auf einmal war sein Körper erfüllt von einer frischen und so klaren Bewegungslosigkeit gleich dem Wasser des Wildbachs; völlig bewegungslos, auf eine köstliche Art bewegungslos, mit all diesen kleinen Bläschen, die auf dem Rücken und den Felsen dahintanzten; eigentlich war da kein Rücken, kein Fels, keine Hand mehr, die im frischen Wasser spielte: nurmehr ein großer, lauterer Körper, der im Wasser des Bachs immer weiter und weiter wurde und mit den Wasserbläschen in einer Myriade kleiner Lichtfunken sprudelte, sich in einem Geflecht von Algen verfing und noch auf dem Bauch unter den kleinen gewellten Nadelfischen und glattpolierten Kieseln dahinglitt.

Da, plumps tauchte er kopfüber in den Wildbach, riß den Mund weit auf wie ein übervoller Wasserspeier, spuckte, schlug sich die Hand am Fels an und stieg aus dem Wasser, sich schüttelnd wie ein großer Ameisenbär. Ihm war kalt, und er wurde wieder ganz und gar Gringo.

Der kleine Kaiman war verschwunden, das Wasser tropfte ihm von der Nase.

Ein Mensch, das war etwas in einer hermetisch abgeschlossenen Hauthülle. So war das. Und so leicht konnte man nicht aus seiner Haut.

Wo lag also der Ausweg?

Er stützte das Kinn auf die Hände und schaute lange, lange.

Vom Lager her erhob sich ein Geschrei.

VII

Die Herausforderung

Der ganze Stamm war in Aufruhr. Schon von weitem erkannte Gringo Vrittru, den Arroganten, der inmitten einer grollenden Menge gestikulierte. Die Frauen kreischten und tratschten auf der Lichtung wie eine Schar verstörter Perlhühner. Andere saßen schweigend da. Gringo war augenblicklich im Bild: es sickerte durch sämtliche Poren seiner Haut, als hätte er sie mit einem Schlag in sich aufgenommen – der Krieg. Die Angst, die Bedrohung. Mord und Totschlag. Es war in seinem Blut seit dem ersten Atemzug, den er in der Welt getan hatte.

Ein kleiner weißer Fleck hielt sich allein im Abseits, bewegungslos wie der Silberreiher auf den hohen Ästen des Mangrovenbaumes.

Gringo trat näher. Er wußte, es war beschlossene Sache. Er hatte eine seltsame Art zu wissen; etwas hielt inne und setzte sich in ihm fest, als ob der Augenblick sich vom Gesamtbild abheben würde, und alles lag mikroskopisch klar vor ihm: „Es wird sein." Oder es floß einfach durch ihn hindurch. Langsam näherte er sich Vrittru, so wie der Vogel der Schlange.

Dieser drehte sich übergangslos auf seinen Hacken.

Gringo

Er war kräftig, die Beine ein wenig gespreizt wie ein Boxer, bereit zum Zuschlagen: sein schwarzes Haar teilte sich hoch über der Stirn und fiel wie eine Mähne nach hinten. Über dem rechten Bizeps trug er einen schwarzen Armreif, einen anderen, der wie eine Liane gewunden war, am Handgelenk, und sein Geschlecht war mit einem Pumafell bedeckt.

– Hab keine Angst, Gringo, sagte er höhnischen Tones.

Gringo teilte die Menge vor sich und stellte sich vor ihn.

– Hast du mich je fliehen sehen?

Schweigen fiel. Vrittru war mächtig, aber um Gringo war etwas, das eine vollkommene Ruhe ausströmte. Er war klein und grazil inmitten dieser Rohlinge, aber man spürte eine unsichtbare stählerne Härte in ihm, die ihn sicher wie der Pfeil machte.

Ein Piha[1] begann auf einem Ast zu zetern.

Vrittru musterte Gringo, und dieser gleißende Blick schnitt Gringo ins Herz wie ein Stich. Immer dieser Schmerz. Unfaßbar – und so alt.

- Du bist behende wie der Durukuli[2] in der Nacht, niemand ist schneller als du, Gringo …

Seine triefende Stimme wurde liebkosend – eines Tages hatte Gringo gesehen, wie er einen kleinen gefangenen Durukuli streichelte und auf einen Schlag erwürgte. Einfach so.

– Sicher, fuhr er fort, du bist zarten Alters und von hoher Warte beschützt, aber könntest du uns nicht ein wenig von deiner Kunst zeigen, die unseren barbarischen Beschäftigungen so überlegen sind?

– Genug, sagte Gringo, ich bin bereit.

[1] *Piha:* Harpyie oder Adler.
[2] *Durukuli:* Kleiner, in der Nacht lebender Affe.

Ein Murmeln ging durch die Menge. Einige Köpfe drehten sich um nach der kleinen weißen Gestalt, die schweigsam auf einem Strunk des Violettbaums saß. Vrittru begann zu belfern:
– Sie lagern in vier Stunden Marschweite westlich von hier.

Brujos hat den Rauch gesehen, der von ihrem Lager aufstieg. Du wirst uns sagen, wieviele es sind und ob Frauen unter ihnen sind. In einer Stunde wird es Nacht.

Die Blicke hefteten sich auf den hohen Kapokbaum.

Totenstille. Jeder wußte, was der Dschungel in der Nacht bedeutete. Wo war denn Westen in der Nacht? Der unermeßliche Westen mit seinen Millionen Bäumen.

Ohne daß ein Wort gesprochen wurde, öffnete sich der Kreis der Männer. Vrittru stand der kleinen weißen Gestalt allein gegenüber. Er stemmte die Daumen in sein Pumafell und hob herausfordernd das Kinn. Gringo schaute zu. Er sah alles wie von oben. Sein Herz jedoch pochte. Und aller Augen waren auf Mâ gerichtet.

Sie wiegte den Kopf und schlug die Augen in einem Lächeln auf. Einen blitzartigen Augenblick lang trafen sich ihre Blicke.

Da füllte sich Gringos Herz mit einer wilden Freude. Er schlang seinen Rindenumhang um die Hüften, schaute Vrittru, der blinzelte, mitten ins Gesicht und ging davon, während der Stamm zurücktrat.

Gerade konnte er noch Rani ausmachen, einen Finger an der Nasenspitze, wie immer in Augenblicken gefühlsmäßigen Aufruhrs.

Und er verschwand hinter dem Vorhang der Bäume.

VIII

Der Weiße Strahl

Schon brach die Nacht herein.

Gringo hatte die Wahl, in der Nacht zu laufen und sich vielleicht zu verirren oder die ersten Stunden vor der Morgendämmerung abzuwarten und sich zu beeilen, um vielleicht zu spät anzukommen, wenn das Lager schon wach sein würde.

In so einem Fall waren es immer Gringos Füße, die wußten, und seine Füße hatten Lust zu laufen. Aber laufen … man sah ja keine drei Meter weit. Ein letzter Strahl durchdrang den rosafarbenen Wald vor ihm. Er blieb stehen und stellte sich vor diesen Strahl, als müsse sich sein ganzer Körper mit diesem Strahl des Westens anfüllen. Er schloß die Augen. Seine Nasenflügel bebten. Er trank den Westen: „Oh, bleib, bleib doch, halte mich an deinem rosa Faden!" Es galt, einen unsichtbaren Weg zu bahnen, sich nicht mehr beirren zu lassen, vor allem nicht mehr von dieser Feuergirlande abzukommen, die er mit seinem Herzen durch die Nacht warf.

Langsam setzte er sich in Bewegung, mit geschlossenen Augen, die Hände vor sich ausgestreckt. Die Pipapipas[1] mit ihrem kleinen Silberhämmerchen ließen den unge-

[1] *Pipapipas:* Frösche.

38

heuren Kristall der Nacht schwingen, erfüllten das Dunkel und umhüllten Gringo mit einer Million leise klingender Töne, und dann nahmen die Insekten, die Grillen, die dicken surrenden Skarabäuskäfer den Ton auf – ein anschwellendes hohes Zirpen. Gringo hörte nicht hin, langsamen Schritts ging er voran, die Augen immer noch geschlossen; er hörte anderswo hin, mit bohrender Intensität und beinahe zerspringendem Herzen, als müsse sich der große Fels der Nacht gleich spalten und einem Lichtstreif Einlaß gewähren. Seine Hände streiften glatte Rinden, seine Füße stolperten, stießen sich, nur um den Lauf wieder aufzunehmen; ungebärdige Zweige peitschten ihm ins Gesicht, Epiphyten[1] ließen klebrige Finger über seine Stirn wandern; er arbeitete sich gleichsam durch eine Wand hindurch, ein Schritt und noch ein Schritt, wie in einer rutschigen, kochenden Flut, fiel plötzlich auf die Knie, stand wieder auf und ging weiter, sich blind an diesen brennenden Punkt in der Tiefe klammernd – dieser Punkt, der er war, ganz und rein er, winzig klein und doch so intensiv in dieser Unermeßlichkeit der Nacht. Er schritt voran wie auf dem Weg zu sich selbst, zu dem Punkt dort drüben, am Ende ... am Ende wovon? Einer Million Schmerzen und schriller Nächte und sich überlagernder Zeitalter wie Schichten im schwarzen Humus am Ufer der eingetrockneten Rios; er folgte diesem tiefen Bett, ausgehöhlt von unzähligen vergeblichen Leben und einem immer wieder neuen Streben für nichts, quer durch immer gleiche, rauschende und unerbittliche Wälder hindurch; endlos, endlos auf diesen kleinen Punkt dort drüben hinsteuernd, ein einziges kleines Etwas, das warm und

---

[1] *Epiphyten:* Pflanzen, die auf anderen Pflanzen wachsen, sich aber selbständig ernähren.

süß und voll sein würde, eine einzige Lichtung am Ende all dieses Strebens, ein einziger sicherer Punkt, oh, endlich *etwas* ... Auf einmal versank er bis zum Gürtel im morastigen Schlamm – Mâ!

Er schrie.

Da schien ihm, daß ihn eine weiße Zartheit einhülle.

Er riß sich los, ging um Sumpf herum, worauf dieser Faden des Westens sich zu verlieren begann: er mußte innehalten und umkehren – wo war nur dieser Faden, der ihn zog?

Gringo wandte sich nach links. Er hörte nicht mehr auf seine Füße oder auf seine Hände oder seine Augen; ganz tief in sich lauschte er diesem einzigen Pochen, diesem Brennen seines Wesens, als gelte es, koste es was es wolle, darin zu versinken, als wäre es das einzige Bindeglied zur Welt, der einzige Weg. Er stieg in diesen Schlund der Nacht hinab, sich an einem unsichtbaren rosafarbenen Faden festhaltend, während seine Beine über die Hindernisse hinwegschritten, aufstiegen, abstiegen, sich stießen und den Weg wieder aufnahmen. Plötzlich der Gedanke, er werde gleich fallen, und dann wäre es aus und er würde sich nicht mehr rühren können, die Nacht der Nächte – Mâ!

Er schrie. Ein ganz schwacher, tonloser Schrei. Ein Schrei aus der Tiefe, wenn alles in einem Schulterzucken an sein absolutes Ende kommt.

Er blieb stehen.

Und dort blieb er, wie festgewurzelt, mit geschlossenen Augen, die Hände ins Nichts ausgestreckt. Nie und nimmer würde es ihm gelingen, diese Nacht zu durchqueren.

„Los, vorwärts!"

VIII – *Der Weiße Strahl*

Mit einem Schrei nahm Gringo die Herausforderung
der Nacht wieder an: er packte diese kreischende, schrille,
dichte Nacht, so wie man eine Riesenschlange am Genick
packt, warf sich blindlings in dieses klebrige Nichts, und –
was soll's! – ließ er sich mit Haut und Haar in eine sanfte
und schwirrende Flut gleiten – es gab keinen Gringo
mehr. Nur mehr eine sich plötzlich öffnende Spalte, die
einen weißen Strahl durchscheinen ließ – Mâ!
Ein drittes Mal schrie er.
Und Gringo trat in den weißen Strahl ein.
Eine reglose Flamme. Weiß.
Wie eine Pforte aus Licht zwischen den beiden Pfeilern
der Nacht.
Er war diese weiße Flamme.
Etwas völlig Regloses und Sanftes: sein ganzer Körper
war getränkt von dieser leuchtenden Zartheit, dehnte sich,
weitete sich, öffnete sich mit einer Million Poren und
kleinen Lichtluken und durch jede Luke, durch eine
Million Luken strömend wie ein Lichtschaum breitete er
sich weiter aus, entfaltete sich und verlor sich in einem
weißen, bewegungslosen Aufwallen. Ohne eine Bewegung, so unbewegt wie ruhige, sanfte Jahrhunderte und
Aberjahrhunderte, wenn alle Lieder verklungen und alle
Schreie geschrieen sind. Eine Million kleiner weißer Fenster, die sich auf leichte, unbeschwerte Räume öffneten,
die hier und da und überall blinkten, und überall traf die
Welt auf sich selbst, als wäre sie einzig diese weiße Zartheit,
die sich selbst berührte. Gringo schritt in ein lebendiges,
brüderliches Licht, und nichts mehr war im Weg, nichts
mehr tat weh, nichts mehr war unsicher. Er ging in einer
großen Nacht des Schnees, von einer Million Pipapipas
getragen, in die sanften Falten einer schimmernden

Schleppe eingehüllt, die die Gestirne und den Gischt der Küsten und alle Schritte der Tiere trug, und auch jedes kleine bebende Blatt und jeden Schrei in der Nacht.

Und nichts mehr war Nacht.

Nirgends mehr war Nacht, keine Distanzen mehr, keine Fremdheit mehr. Die Welt war bei sich. Gringo war auf immer bei sich, er sah durch alle Poren seines Körpers; er bewegte sich leicht unter Ewiggleichen, und es war wie eine Million Freuden in einem einzigen Herzen der Grillen, der Pipapipas oder der Sonnen.

Abrupt blieb er stehen.

Der Geruch von Rauch erfüllte seine Lungen.

Darauf kletterte er auf einen dicht belaubten Baum, setzte sich rittlings auf einen Ast und erwartete die Morgendämmerung.

Und blitzartig wußte er: dieses weiße Licht, das war der Nicht-Tod.

IX

Huagrah

Geräuschlos ließ er sich vom Baum hinunter gleiten. Der Wald schlummerte noch vor Tagesanbruch. Ein fahles Geflecht zeichnete sich im hohen Gewölbe ab, schwarze Schatten in die noch dunklere Nacht werfend. Man fühlte den dichten Humus wie eine zweite Nacht innerhalb der Nacht. Gringo rührte sich nicht: er spürte die große Nacht. Sie trat in ihn durch tausend feuchte Zungen wie eine mit glatten Algen und Bandasseln erfüllte braune Flut. Und auf einmal bemerkte er einen helleren Fleck: eine Lichtung.

Langsam setzte er sich in Bewegung. Sein Herz schlug. Angst, nein, er hatte keine Angst mehr, aber diese dösenden Menschen, die man ohne Vorwarnung erdolchen würde ... Gringo verstand nicht. Die Tiere, die Nacht, das Wasser, sogar die Steine verstand er sehr wohl, aber dieses Tier da, das mehr nahm, als ihn sein Hunger hieß? ... Und das auch Flöte spielte, so göttlich schön – warum hörte er Quinos Flöte in dieser fahlen Morgendämmerung?

Er ließ sich ins Dickicht sinken. Zwanzig Meter vor ihm schimmerte ein vergessenes Buschmesser. Gringo steckte es in seinen Gürtel: er stand auf der Lichtung. Man sah nichts. Dieses Schweigen erschien ihm unerträglich. Mit dem Blick suchte er nach einem Baum, auf dem er sich verstecken konnte. Abrupt drehte er sich um: zwei glühende meeresgrüne Augen starrten ihn an. Es war Huagrah, die große Wildkatze. Gringo wurde reglos wie ein Stein – kein Zittern, keine Welle, nicht einmal ein Hauch. Er wurde ... zu einem Nichts. Seine Augen fixierten Huagrah: er war sich selbst, vollkommen ruhig, und Huagrah war sich selbst, vollkommen ruhig. Nichts bewegte sich. Kein Muskel zuckte. Gringo fühlte sich in ein bläulich schimmerndes weißes Licht eingehüllt, das ihn wie ein Schutzschirm umgab. Ein undurchdringlicher Schild. Und er wußte augenblicklich: beim kleinsten Zucken würde Huagrah ihre stählernen Muskeln lösen, und dann war es aus, in einer einzigen Sekunde. Dieses Licht war sehr sanft, wie ein milder Nieselregen, und vollkommen reglos. Er spürte die kleinen runden Ohren der großen Katze, die bebten – er spürte sie wie seine eigenen Ohren; er sah nichts, nur diese meeresgrünen Augen. Und diesen weichen, blassen Nieselregen um ihn herum, so sicher und so ruhig, als ob er hinter einem Vorhang friedlicher Jahrtausende hervorschaute. Huagrah wandte ihre Augen ab und verschwand ohne einen Laut.

Gringo spürte einen kalten Schweiß auf der Stirn.

Er entspannte seine Muskeln; seine Beine schmerzten überall, als ob er aus einem steinernen Kadaver träte. Er machte einen Schritt auf den Baum zu. Ein Säugling durchbrach das Schweigen mit seinem Plärren.

Darauf Schreie, ein Tumult, rauhe Geräusche.

Es waren vielleicht zehn. Eine Frau begann schrill zu kreischen: ein langer, zerreißender Schrei.

Huagrah machte sich mit ihrer Beute davon.

Gringo verließ die Stelle wie ein Dieb.

X

Die verzauberte Quelle

Darauf begannen in diesem Wald seltsame Dinge zu geschehen.

Gringo kehrte zum Lager zurück, aber er verspürte keine Freude in seinem Körper, kein Einverständnis mit den Bäumen, fast wäre er sogar mit dem Fuß auf eine Schlange getreten. Er war ganz einfach ein Mensch, in seiner Hauthülle als Mensch eingemauert, mit einem Brett vor der Stirn und schmerzlichen Gedanken im Kopf: man dachte, und augenblicklich ragte die Wand empor, nichts mehr teilte sich mit. Der Mensch war das Wesen, das nicht mehr kommunizierte. Jedermann ging mit seiner Schale um sich herum, orangegelb oder unschuldig blau wie die Eier des Kolibri oder der Pambaschlange – mit Ausnahme von Mâ: einzig sie war von keiner Schale umgeben.

Dieser Gedanke zauberte ein Lächeln auf seine Lippen. Schließlich gelangte er zum Sumpf – dort, wo er nachts beinahe versunken wäre. Ein Wunder von einem Sumpf wie ein smaragdgrünes, von hohen Baumfarnen eingefaßtes Juwel. Sie standen dort wie Tänzerinnen auf den Zehenspitzen, völlig reglos, mit ihrem Federbusch auf der Stirnseite, bereit wegzufliegen, als ob sie nur auf ein Zeichen warteten.

Gringo näherte sich behutsam. Oben sah er einen kleinen Wasserfall, über den sich zwei riesige Bacabastämmen mit ihrer Fracht an Palmen und Vögeln neigten. Zwei schwarze Stämme wie ein Portal, durch das sich diese kleine Quelle ergoß. Er bückte sich, öffnete die Hände zu einer Schale und trank lange und ausgiebig. Er hörte, wie das Buschmesser aus seinem Gürtel glitt und mit einem hellen Ton auf dem Felsen aufsprang. Lange hallte das Geräusch in seinem Kopf wieder.

Das war alles.

Es gab keinen Gringo mehr. Nur jemanden, der vor einem gewaltigen Portal aus weißem Licht stand. Er war es, da war kein Schatten eines Zweifels, aber ein anderer Er, so als wäre er leichter geworden. Er streckte seine Arme aus, um durch das Portal zu schreiten. Seine Finger berührten die Flamme. Da fühlte er sich getragen und emporgehoben und von einem Licht durchdrungen wie von Myriarden kleiner Luftbläschen, die in seinen Händen, Beinen und Armen platzten. Und er ging durch das Flammenportal.

Ein langer, in ein sanftes Licht getauchter Gang tat sich vor ihm auf. Gringo ging den Gang hinauf, er schien unendlich lang. Ein riesenhafter Gang, in dem er wie eine ganz, ganz kleine weiße Gestalt war, die für immer in diesem Gang dahinschritt. Tage oder ganze Jahre gingen vorbei, und er lief und lief, die Hände vor sich ausgestreckt haltend im Traum eines sanften Lichts. Die Steinfliesen waren kühl unter seinen nackten Füßen, er berührte sie kaum. Er ging in einem großen weißen Schweigen, als bestünde der Korridor selbst aus Schweigen, als bewegte er sich durch sanfte, erinnerungslose Zeitalter, die glatt und frisch auf den eigenschaftslosen Steinfliesen dahinflossen. Er stieg den Strom der Zeit hinauf, aber es war eine weiche, fließende Zeit ohne Ziel und Zweck, jede Sekunde von ihr wie eine leichte Flocke, die auf andere Flocken fiel und auf die Hänge eines ewigen Hügels eine sanfte Schneeschicht zauberte. Er versank in einem strahlenden Schweigen, wie der Schnee im Schnee und das Licht im Dunste der Morgendämmerung.

Unvermittelt berührten seine Hände etwas Kaltes.

Es war eine Mauer.

Eine große viereckige Steinplatte, die sich mit Feuer füllte, als er sie berührte. Auf einmal wurde es sehr heiß, sein Körper wurde von einem gleißenden Flammenmeer erfaßt.

Er stieß das Flammentor auf.

Sein Körper wurde plötzlich schwerer.

Er hatte den Eindruck, nach vorn zu kippen.

Ein frischer Hauch wehte um seine Schläfen.

Seine Füße ruhten auf einer Papyrusmatte vor einem Bett aus gemeißeltem Stein.

Er war in einem anderen Leben und lebte weiter wie gewohnt.

XI

Die Königin des Schilfs

Gringo erhob sich. Ein Sonnenstrahl schien durch das Fenster und tauchte die steinerne Bank mit der Schreibtafel darunter in helles Licht. Eine Papyrusrolle leuchtete auf. Die Fliesen fühlten sich kalt an unter seinen Füßen, er ließ seine Hände von der Sonne bescheinen. Eine Schar weißer Tauben kam im Gleitflug daher und drehte in einem hellen Aufleuchten zum Nil ab.

Er nahm eine Weintraube aus einer Schale, stieß die Ebenholztüre auf und stieg die steinerne Treppe bis zum Strom hinab. In der Ferne ertönten die Gongschläge des Tempels.

Und am Horizont die kahlen, rosafarbenen Bergkämme des lybischen Gebirges, wie eine Karawane unterwegs nach irgendeiner Oase.

Gringo raffte seine Tunika und tauchte in den Strom. Einen Augenblick lang ließ er sich treiben mit dem Blick zum Himmel, sanft dahingleitend unter den sich wiegenden spitzen Schilfhalmen. Heute wurde er sechsundzwanzig Jahre alt. Das war vor etlichen Jahrtausenden – und die Jahrtausende waren wie heute. Plötzlich dieser fast herzzerreißende Anblick, dieses kleine Menschlein in seiner weißen Tunika, das unter einem glühendheißen Himmel im Wasser dahinglitt; an irgendeinem Tag unter dem

XI – Die Königin des Schilfs

Schlagen der Gonge, die morgen und immer schlagen
werden, begleitet vom ewigen Plätschern des Nils, rein
und fest an seinem Platz. Und doch zappelte Gringo mit
den Beinen wegen des Ungeziefers, schwamm ans Ufer
und stieg die glühenden Stufen hinauf. Er verabscheute
diese Gongschläge.
– Psst!
Ein kleines rundes Gesicht tauchte hinter den Schilfhalmen auf, mit Augen, in denen die Sonne tanzte, und einer
braunen Haarlocke auf der Stirn.
Gringo winkte ihr, näherzukommen. Sie schüttelte den
Kopf.
Er tat einen Schritt ins Schilf hinein und versank dabei
mit den Knöcheln im weichen Schwamm der Wurzeln. Sie
versteckte sich hinter dem Schilf. Man sah ihr kleines, wie
hinter einem Sonnengitter goldbraun schimmerndes
Gesicht. Er ging noch einen Schritt auf sie zu.
– Wenn sie mich sähen, würden sie mich töten, murmelte sie.
Und plötzlich stand sie vor ihm, anmutig und ein wenig
rosig wie eine nubische Gazelle, mit ihren länglichen,
mattgoldenen Augen, die ihr Gesicht überstrahlten.
– Wie schön du bist, Rani! Bist du die Königin des
Schilfs?
– Psst, psst! – machte sie, du weißt nicht, was du sagst. Sie
haben sich beim Hohepriester versammelt, sie schmieden
ein Komplott gegen die Königin – und sie hassen dich,
fügte sie hinzu. Ihre kleine Stimme war vor Angst wie
zusammengeschnürt.
Gringo blieb einen Moment reglos, den Blick geradeaus
gerichtet, und schaute über das grüne Wogen des Schilfs
hinweg. Nacheinander lösten sich die Tauben von der

steilen Flußböschung wie die Blätter von welken Papyrus-
stauden.

– Warne sie!

Sie wandte sich ab und bog die Schilfhalme mit einer
Hand beiseite. Ihr langer, unter ihrer Brust zusammenge-
raffter Rock war mit kleinen gestickten Goldflammen ver-
ziert.

– Warte, warte doch!

– Heute abend bei Quino.

Und schon verschwand sie im Rascheln der Schilfsten-
gel und der wilden Dolden.

XII

Eines Tages,

wenn die Erde ersticken wird …

Er pflückte eine Handvoll Jasminblüten für SIE, zog sich eine weiße Tunika über, griff zu einem Schal und hängte ihn sich um den Hals. Er schickte sich zum Gehen an, als er sich eines anderen besann, die Papyrusrolle von der Schreibtafel nahm und die holzgeschnitzte Truhe unter dem Fenster öffnete: sein Schatz. DER SCHATZ. Dutzende von strohfarbenen Papyrusrollen, die einen Duft von Zedernöl ausströmten. Er schloß die Truhe und verließ das Zimmer durch die kleine Türe hinter dem Wandbehang.

Dann der endlos lange Gang, niedrig und wuchtig, mit kleinen Öffnungen, wo sich die Sonne einschmuggelte, und dem hellen Grün von Palmgruppen dahinter. Er war auf dem Weg zu IHR, und schon strahlte ein Licht aus seinen Augen, ein leichter Hauch liebkoste seinen nackten Oberkörper, fast tanzte er dahin; dieser Moment war der einzige, wo er wirklich lebte inmitten der dumpfen Gongschläge und der Schreie der Papageien in diesem Labyrinth von kleinen ähnlichen Gesten und quälenden Nichtigkeiten – ein Tag und noch ein Tag, Tausende von Tagen, die kommen und gehen wie ein niemals ausgestoßener Schrei.

Wann endlich wird dieser Schrei ertönen, der die Mauern zum Einstürzen bringt?

Jener Schrei, der einen für immer in jeder einzelnen Sekunde in der wahren Fülle leben läßt.

Er hielt seine Handvoll Jasminblüten an sich gedrückt, er ging zu ihr wie zur Quelle. Wie zum Urgrund der Hoffnung.

Die Wächter stießen das riesige Tor auf.

Er stand im Thronsaal.

Ganz klein und weiß saß sie dort drüben in ihrem langen Kleid auf jenem Thron, der aus einem einzigen Block schwarzen Diorits gehauen war. Und alles erschien so riesenhaft und schmucklos unter dem großen blauen Falken mit den ausgebreiteten Schwingen.

Sie saß ein wenig vornüber gebeugt; ein weißes Band, in das ein Amethyst eingearbeitet war, schmiegte sich um ihre Stirn.

Gringo verharrte einen Augenblick bewegungslos, alles war ewig hier; man trat in diesen Saal wie in die rosigen, vom milden Duft des Nils durchtränkten Sandbauten von Abu-Simbel. Und alles versank in einem totalen Einverständnis, wie ein Brunnen von Zärtlichkeit unter den welken Augenlidern der Welt.

Sie öffnete die Augen. Gringo eilte auf sie zu wie ein Reh.

– Meine Glückwünsche zu deinem Geburtstag, Kleiner!

Sie nahm Gringos Hände, und er versank in diesen Augen, als harrten tief unten, auf dem Grunde seines Herzens, ganze Jahrhunderte von Tränen hinter einer Tür auf den Moment, wo sich diese Türe endlich auftat und man in ein wunderbares Frühlingstauen heraustreten würde – der Tag, an dem alles gesagt wäre, der erste klare und helle Tag auf dieser Welt.

Er kam wieder zu sich.

– Mâ, weißt du, sie ...

– Still! Ich weiß.

Sie deutete auf den Vorhang. Auch dort waren sie also ... Gringos Herz zog sich zusammen. Sie war so allein in diesem riesigen Saal. Sie war so klein inmitten dieser kalten Jahrhunderte.

Die Jasminblüten lagen auf ihren Knien zerstreut. Sie lächelte ironisch:

– Nun, immer noch nicht zufrieden, Kleiner? Hast du Lust abzuhauen?

– O Mâ ... wenn ich hier bin, ist es gut, aber ...

– Wohin denn abhauen, mein Kind, die vier Ecken der Welt sind sich alle gleich, die Welt ist in allen Ecken! In tausend Jahren wirst du eine kleine Eidechse betrachten und wirst dich am Kopf kratzen ...

Ein kleiner grüner Gecko flitzte die Stufen hinab, seine Tatzen auf beide Seiten verwerfend, als wolle er sich gleich flachlegen.

– Mâ, bitte sag mir, sag mir eine einzige unwiderlegbare Sache!

Gringo schlug mit der bloßen Hand auf die Treppenstufen.

– Aber mein kleiner Narr, man sagt keine unwiderlegbaren Dinge. Das einzig Unwiderlegbare ist, die Welt zu verändern!

Sie lachte und zeigte auf den Vorhang hinter ihr.

– Der arme Teufel, was hält der wohl davon? ... Der will nur die Königin auswechseln!

Sie lachte, und ihr kleines Lachen war so entzückend, wie ein klarer Wasserfall unter diesen erstarrten Jahrhunderten. Man hätte glauben können, sie sei fünfzehn Jahre alt.

– Aber wart mal, seien wir ernst ...

Aus den Falten ihres Kleides zog sie ein kleines, sorgfältig in ein Seidentuch gewickeltes Bündel und öffnete es. Es schillerte bläulich. Und sie streifte eine Kette aus Lapislazuli um Gringos Hals.

– Sieh mal ...

Sie legte ihren Finger auf jeden Stein, ihn fest auf Gringos Brust drückend.

– Jeder Stein auf dem Weg, jeder Stein für ein Leben ...

Und ihre Finger eilten über die Kette.

– Aber am Ende aller Steine ist der Ring, der das Ganze zusammenhält. Jeder Stein für eine Frage, jeder Stein für eine Antwort. Am Ende aber ... ist etwas anderes ... Etwas anderes.

– Sag es mir!

– Aber das andere läßt sich nicht sagen, Kleiner: man macht es.

– Wie denn?

– Wie rennt der kleine Gecko auf seinen Tatzen?

– Ich bin genug in einer Menschenhaut herumgelaufen, Mâ.

– Willst Du etwa ein Gott werden, oder eine Schwalbe?

Gringo erwog die Möglichkeit der Schwalbe, eine Schwalbe zu sein, war nicht schlecht ...

– Aber für immer und ewig eine Schwalbe?

– Ah, da haben wir's, mein Kleiner ... Etwas, das alles sein wird: eine Schwalbe, eine kleine Eidechse, ein runder

Kieselstein – eine Kette aus Menschen, eine Kette von was noch?

– Keine Kette mehr! Jede Sekunde voll!

Sie lächelte verschmitzt:

– Es heißt, daß man dafür in den Himmel oder ins Reich der Toten gehen muß.

– Das ist nicht wahr, du weißt es wohl, hast es mir tausendmal gesagt, ich habe tausend Papyrusrollen in meiner Truhe! Du hast mir unzählige Geheimnisse anvertraut, Mâ, ich bin dein Schreiber. Aber die Weisheiten sind alt, ich bin sechsundzwanzig und habe Durst.

Mâ's Antlitz wurde ernst. Sie schloß die Augen. Ihr Körper schien sich mit Licht zu füllen wie die Alabastervase unter der Flamme.

– Hör mal, Kleiner ... Man sagt, ich sei alt ... und seit einer Ewigkeit warte ich darauf, daß sie etwas anderes wollen. Ich bin jahrtausendealt, und ich warte. Ich habe Schätze von Abenteuern. Aber wer hat schon Durst, Kleiner, außer auf kleine Wunder und eine glückliche Nachkommenschaft? Wer glaubt schon an mehr als an den Menschen?

– Ich schon.

– Was wirst du als Einziger einer neuen Gattung unter den alten Stämmen tun?

Ein Schweigen stellte sich ein. Man vernahm das dumpfe Schlagen der Gonge. Gringo fühlte sich plötzlich schwer, als trüge er das ganze Gewicht der Welt mit ihren Gongen, ihren Toten, ihren Gewürzmärkten in einem geschwätzigen Gewimmel.

– Was ist das Geheimnis der großen Veränderung, murmelte er? Wo ist der Übergang?

– Eines Tages, wenn die Erde an der Wissenschaft des
Menschen und seinen barbarischen Horden ersticken
wird …

Darauf richtete sie ihre großen diamantenen Augen auf
Gringo.

– Du wirst dort sein, ich werde dich rufen. Und jetzt geh,
wir werden erwartet.

Gringo legte seine Stirn auf ihre Knie. Er hatte das
Gefühl, in einer weißen Glut zu schmelzen.

XIII

Das Gesetz

Gringo glaubte nicht an all diese Geschichten; ihm schienen sie der Phantasie entsprungen. So lange hatte er schon bei Mâ wie in einem Lichtkokon gelebt, und es schien das einzig Wahre zu sein. Wie konnte man die Schönheit nicht lieben? Die Götter der Priester mochten groß sein, sie waren barmherzig wie Isis und warm wie Amon, aber was war mit dieser Sanftheit des Herzens gleich einer Lotosblüte, die sich öffnet und eine unsichtbare Sonne trinkt? Manchmal schien ihm auch, daß all diese Götter mit sämtlichen Übeln einhergingen, und wäre es auch nur, um sie zu heilen.

Er kam bei der hohen Säule vorbei, die sich mit ihren Goldflammen gegen die Nacht abhob, bog in ein Gäßchen ein, passierte ein zweites Gäßchen, wo ihm ein bunter Duft aus aromatischen Gewürzen und reifen Zitronen entgegenschlug, stieg die steile Treppe empor: er stand auf Quinos kleiner Terrasse über dem Nil.

Quino rührte sich nicht.

Der Strom schimmerte wie der Panzer eines Reptils.

– Na, Quino?

Dieser kauerte auf dem Boden mit seiner Flöte auf den Knien und dem Band um die Stirn. Gringo beugte sich zu ihm nieder und strich ihm durchs Haar.

– Sagst du nichts, spielst du nicht?
Quino schüttelte den Kopf und nahm seine Flöte in die Hände.
– Ich weiß nicht, Bruder ... Mein Herz ist beklommen.
Die Nacht scheint nicht zu enden.

Er rang sich ein Lächeln ab und spielte zwei kleine hohe Noten, die die Nacht wie ein Vogel durchschnitten, dessen Flug jäh erlahmte.
– Siehst du, sie will nicht.
Und plötzlich fühlte Gringo diese ... ja, eine gebieterische Bewegungslosigkeit, die über ihn kam. Er wußte ... Er nahm Quinos Hände und schaute ihn lange an. Eine von einer Kaskade kleiner silberner Strahlen beschienene Palmgruppe hinter ihnen zeichnete sich scharf ab vor dem Nachthimmel. Man hörte einen Hund aufheulen. Eine intensive Sekunde mit einem großen transparenten Blick, eine Sekunde, die schon viele Male, in vielen Leben geschlagen hatte, ein Augenblick, in dem sich plötzlich weite Räume um den Menschen auftun: eine winzig kleine Person in einem großen Blick. Langsam richtete er sich wieder auf, seine weiße Tunika schimmerte im Mondlicht. Unwillkürlich griff er sich an den Hals: „Jeder Stein für ein Leben ..." Und alles wurde still, wie hinter einem Vorhang, der alle Schmerzen und alles Getöse vergessen ließ. Es gab nur noch diesen kleinen Gringo auf der anderen Seite, wie ein Abbild.

Dieses kleine Abbild drehte sich um. Man hörte das Geräusch von nackten Füßen auf Steinplatten, ein Rascheln von Kleidungsstücken, kleine golden leuchtende Flammen. Darauf schwere Schritte, ein Waffengeklirr.
– Bring dich in Sicherheit!

Völlig aufrecht stand sie vor einem unendlich scheinenden fahlen Himmel. Ihre Blicke verschmolzen in einer ewigen Sanftheit. Dann stürzten die Männer auf die Terrasse. Gringo faßte sich wieder: „Die Truhe, der Schatz!" Eine Sekunde lang sah er sich um.

– Rette dich! schrie sie.

Sie warf sich auf die Männer, er rannte zur Brüstung.

– Hündin! hörte er jemanden brüllen, dann ein dumpfes Geräusch.

Er sprang in den Fluß, schwamm, rannte durch das Schilf: „Der Schatz, ich muß den Schatz retten ..." Er schürfte sich die Füße blutig, watete durch widerspenstigen Schlamm, stolperte und raffte sich wieder auf – Mâ!... Er stieß die Ebenholztüre auf: die Fackeln brannten. Sie waren schon dort. Der arrogante Vrittru, mit seiner Hohepriestermütze auf dem Kopf, die Hände in den Gürtel gestemmt.

– Na, du kleiner Schreiber-Revoluzzer ...

Gringo warf sich über die Truhe. Sie hatten alles aufgebrochen, die Rollen lagen auf dem Boden zerstreut.

– Nein, nein!

Und dann dieses abscheulich dröhnende, widerhallende Lachen. Gringo wandte sich ihm zu:

– Das könnt ihr nicht tun! Nein, wirklich, versteht ihr denn nicht!

Ein Schwindel überkam ihn. Den Arm Vrittrus packend, stammelte er wie durch ein alptraumhaftes Dunkel hindurch:

– Versteh doch, du Narr, oh! Vrittru, töte mich, wenn du willst, aber das da ist das Gold der Welt, die Hoffnung – die Hoffnung, verstehst du?

– Die Hoffnung auf was?

Gringo

– Das Geheimnis ... die Sache ... der Übergang ...
verstehst du, der Übergang.

Doch inmitten dieser gierigen Rohlinge verhallten
seine Worte wirkungslos.

– Dein Übergang, der geht auf den Grund des Nils, und
du mit ihr zusammen, eine Beute für Sobek-Rê[1] ...

Gringo senkte seinen schon erhobenen Arm. Es war
vergeblich. Es war lächerlich. Er sah die weißen Rollen, sah
dieses Licht und diese bedingungslose Liebe, und dann
die Nacht, die wie ein barbarisches Geschrei aufstieg. Wie
aus der Ferne hörte er die Stimme dieses muskelbepack-
ten Zwergs:

– Ihr wollt die Erde und das Gesetz der Götter umkrem-
peln, was? Aber das Gesetz ist das Gesetz, und kein Mensch
ist größer als der Himmel – kannst du jetzt etwa wegflie-
gen?

Wie ein Blitz erschien ihm das Antlitz Mâ's: „Willst du?"
Und er wußte, es war möglich.

Gringo blickte um sich, nein, er hatte keine Lust wegzufliegen, selbst wären ihm Flügel gegeben. Er schaute auf
diese gierigen kleinen Menschen, und sein Herz war voller
Trauer: als nähme der lange Weg durch grausame Nächte
kein Ende, als gälte es, ewig gegen eiserne Gesetze und all
die Menschen anzukämpfen, die ihre Kleinheit mit dem
Gesetz verteidigten. Was sollten auch Flügel für einen
Menschen, der ganz alleine stand?

– Siehst du, du bist machtlos.

Worauf er eine weiße Papyrusrolle an sich raffte und mit
den Händen zerknüllte. Gringo sah dieses Licht der Liebe,
diese Hoffnung in der Faust eines Menschen, der keine

---

[1] Sobek-Rê: Krokodilgott.

Hoffnung wollte, der keine Liebe wollte, der ausschließ-
lich das Gesetz und nochmals das Gesetz wollte.
Die Worte versagten ihm. Er war im Schweigen der
Liebe, die wartet, oh, die seit so langer Zeit darauf wartet,
daß ein einziges Menschenherz schmilzt und ja zur Schönheit und ja zum Wunder sagt.

– Schafft ihn weg.

Gringo öffnete die Hände und lächelte in die Nacht.

Eine eiserne Klinge fiel auf die Steinfliesen.

Das Geräusch widerhallte endlos in seinem Kopf.

Das war alles.

Er lächelte in die Nacht.

XIV

Und der kleine Leguan trottete davon ...

Er lächelte in das Licht.

Der Gesang des Urwalds hüllte Gringo liebevoll ein. Die hohen Farne hatten sich eben aufgerichtet und schickten sich an, sanft wiegend, das Ballett wiederaufzunehmen. Gringo ließ den kleinen Wasserfall über seine Hände plätschern, er hielt sich noch immer am Silberfaden, und dann ... Und dann trugen die Grillen die Träume in einer hohen zirpenden Welle mit sich fort, wie eine andere Erinnerung aller Erinnerungen, süß und tief in den schillernden Falten der Zeitalter. Ein kleiner grüner Stelzvogel ließ sich vorsichtig auf dem Felsen nieder, zögerte, tauchte seinen Schnabel in den Wasserfall, um plötzlich mit einem spitzen Schrei wieder aufzufliegen – zu welchem Land? Denn die Welt ist ein Land von tausend Ländern, rosafarbenen und blauen, singenden und ernsten wie das Herz der Nacht, oder plötzlichen und leichten wie ein flüchtiges Lächeln.

Gringo lächelte, und dies war das lieblichste aller Länder.

Einen Augenblick lang zögerte er, griff sich mit der Hand an den Hals, wie auf der Suche nach etwas, schaute sich um, immer noch suchend, denn der Mensch sucht ohne sein Wissen ein großes ewiges Land, als hätte die

Erde noch nicht zu ihren Augen gefunden, als wüßte sie
nicht, welchem Traum sie entspringt, welche Kette alles
auf ihr zusammenhält, und in dieser ganzen Geschichte
gehen wir tastend von hier nach dort, in Lumpen und
Schmerzen gekleidet, in weiß, in rot und in schwarz, mit
einigen Anflügen von Lächeln und großen leeren Augen.
Seine Augen fielen auf das Buschmesser.
Eine Falte kräuselte seine Stirn.

Noch wollte er nicht sehen, noch wollte er nur die
schöne Erinnerung wahrhaben: diese Erinnerung gleich
einer zarten Liebe ohne Ursache, die alles in ihre Perl-
muttfalten einhüllte – die Nacht wie den Tag, das Böse
und die Schmerzen wie die kleinen Freuden, ohne Unter-
schied, und es kam aus der Tiefe der Zeiten wie eine
unvergeßliche Liebkosung – oh, sich nur an das zu erinnern!...

Aber dieses Buschmesser war nicht das seine.

Da wußte er plötzlich, er sah die Sonne, seine vom
langen Weg blutig geschürften Füße. Und er erinnerte
sich an den Schmerz. Wieder war er ein kleines Menschenkind, und er zog seinen Rindengürtel um die Lenden.

Vrittru erwartete ihn auf der Lichtung, zusammen mit
dem ganzen schweigenden Stamm.

Sie sah er zuerst, weiß und friedlich in einer Höhlung
des Violettbaums, ihre Samenkörner zählend, als ob nichts
wäre. In seinem Herzen wurde es warm und leicht gleich
dem behenden Sprung einer Gazelle. Sie lächelte.

Vrittru trat nach vorn, die Daumen in seinen Gürtel
gestemmt.

– Du hast wohl geschlafen und willst uns weismachen ...

Gringo schaute Vrittru kurz an: dunkle Schatten spülten
an ein sonnenbeschienenes Ufer. Er lächelte.

– Also sprich!

– Wortlos zog Gringo das Buschmesser aus seinem Gürtel und pflanzte es mit einer Handbewegung zwischen Vrittrus Füße.

Vrittru wurde totenblaß.

Ein amüsiertes Raunen ging durch die Menge.

– Wieviele sind es? sagte er mit zornerstickter Stimme.

Gringo zögerte: sagte er zuwenig, würde er sie töten, sagte er zuviel …

– Es sind vielleicht fünfzig. Ich habe es nicht genau gesehen. Mit Frauen und Kindern darunter.

– Wir werden sie töten.

– Nein, du wirst sie nicht töten, sagte ruhig eine leise klare Stimme.

Alle drehten sich nach ihr um.

– Aber …

– Mein Wort gilt.

Ein Schweigen senkte sich herab.

Vrittru wandte sich an den Stamm:

– Wenn wir sie nicht töten, werden wir selber Hunger leiden müssen. Es wird kein Wild mehr geben. Sie werden in unser Stammesgebiet dringen und unsere Frauen rauben. Seit Generationen von Stämmen gehört dieses Gebiet uns. Sollen wir uns wie Feiglinge überwältigen lassen?

Ein langes Murmeln ging durch den Stamm. Vrittru plusterte sich auf wie ein Perlhuhn. Mâ rührte sich nicht. Sie war so unbewegt und zierlich inmitten dieser Meute, und trotzdem so gebieterisch in ihrem Schweigen.

Gringo setzte sich zu ihr.

– Seit so vielen Stämmen ist dies das Gesetz, fuhr Vrittru fort. Wir werden getötet oder wir töten. Wenn wir dem

Gesetz nicht Folge leisten, werden uns die Geister unserer Väter verfolgen und unsere Kinder werden heimgesucht. Brujos, die klebrige Nachtschnecke, setzte sich neben Vrittru. Er war der Heiler.

– Wenn wir vom Übel heimgesucht werden, sagte dieser, wie soll ich euch dann heilen? Seit Generationen von Stämmen wird der Geist des Übels vom weisen Gesetz in Schach gehalten, und wenn wir das Gesetz verraten, wer soll uns dann beschützen?

Jetzt war der Stamm aufgewühlt. Von weither hörte Gringo wie ein Rufen und Geschrei, das aus der Tiefe der Zeiten nach oben drängte, ein alter unerbittlicher Ruf wie die Angst und der Hunger. Und all dies war so unwirklich: es gab kein Übel, es gab keinen Feind, es gab kein fehlendes Wild, niemand wurde heimgesucht! Und trotzdem fühlte sich jedermann als Opfer.

Er wandte sich zu Brujos und Vrittru um: sie waren die Erfinder des Übels und der Heilung desselben. Mâ faßte ihn am Handgelenk:

– Halt dich ruhig, Kleiner.

Alle schauten auf Mâ.

– Heute abend, sagte sie, werde ich den Rauch ihres Lagers ausblasen, und wenn Brujos morgen immer noch ein Feuer siehst, dann nur, weil er zuviel Niopa[1] geschluckt haben wird.

Auf einen Schlag erstarb der Aufruhr. Alle schauten sich an, worauf sich ein allgemeines Gelächter erhob – es gab keinen Feind mehr, keinen Krieg mehr, kein Gesetz mehr, keine Geister mehr, keine Generationen von Stämmen mehr, all dies hatte sich in Luft aufgelöst, wie ein Schwarm

---

[1] Niopa: halluzinogenes Pulver.

Fledermäuse im Licht. Der Morgen war wie alle Morgen, und der kleine Leguan trottete davon, um im Igapo sein Ei zu legen.

Gringo erblickte Rani, einen Finger an ihrer Nasenspitze. Sie trug ein unter ihren runden Brüsten festgebundenes Rindenkleid und auf ihrer Stirn sah man einen orangeroten Strich gleich einer kleinen Flamme.

XV

Kleine Königin

Für diesmal hatten sich seine Füße für die Mangrove entschieden.

Rani hüpfte hinter ihm her wie ein Goldhase auf der Suche nach wilden Nüssen, blieb stehen, streckte die Nase in die Luft, schnüffelte an einem Kraut und tauchte mit einem entzückten Lachen ins Dickicht.

– Buh!...

– Was ist, Prinzessin?

– Schau mal den hier ...

Sie kauerte vor einer großen dunkelgrünen Basilisk-Eidechse, die mit gewölbtem Kamm und angehobenem Fuß das Auge zornig wie einen Kreisel rollen ließ.

– Und ich sage euch, seit Generationen von Stämmen ist das nicht die Art der Eidechsen, und das große blaue Chamäleon wird euch heimsuchen ... obwohl es gar nicht existiert!

Und schallend lachend hüpfte sie davon.

– Ja, jetzt ist sie gelb.

Gringo zuckte die Achseln und ging würdig seines Wegs. Doch nicht für lange.

– Gringo, he, Gringo ... schwebt der Geist der Stämme in den Bäumen, oder wo sonst? Und was ist das, der „Geist"?

Gringo

Gringo kratzte sich am Kopf.
– Das ist – Curupira, nennen sie das.
– Ah, Curupira, ja dann![1]
Den Kopf wiegend, legte sie einen Finger an ihre Nasenspitze.
– Und was ist das?
Sie hob eine Nuß vom Boden auf.
– Das ist eine Chawarinuß.
– Und was bedeutet Chawari?
– Das ist eine Nuß.
– Also ist das eine Nuß, und Chawari ist der Geist der Nuß – was soll das also, dieses Chawari?
– Also hör mal, Prinzessin …
– Aber nein! Ich sage dir, eine Nuß ist eine Nuß, warum willst du ihr einen Schwanz anhängen? Hat man je eine Nuß mit einem Schwanz gesehen – siehst du Vrittru … mit einem Leguanschwanz?
Und sie platzte fast vor Lachen.
Gringo war perplex.
– Schon gut, reg dich nicht auf, ich sage das nur, um Klarheit zu schaffen. Jetzt weiß ich: jedesmal, wenn ich etwas nicht verstehe, ist es das Curupira, basta.
Sie blieb einen Augenblick stehen und zupfte an ihrem Haar.
– Und wenn ich zuviel Nüsse esse, ist es das Curupira, das mir Bauchweh macht.
Wonach sie erneut zu hüpfen begann und zwischen den Zähnen hervorstieß: „Muß man denn alles auf das Curupira zurückführen?"
Sie konnte sehr hartnäckig sein!

[1] Curupira: andere Bezeichnung für das kollektive Unbewußte …

Schließlich kamen sie zum Wasserfall anstatt zum Mangrovengewächs. Wie das? Gringo konnte es nicht sagen, seine Füße hatten wohl unterwegs ihre Meinung geändert.

– Wie wunderschön! rief Rani aus.

Und sie preßte ihre Hände an die Brust.

Ein schwarzer Dioriteinbruch öffnete sich an den Hängen der Serra, durch den sich, begleitet von wildem Vogelgeschrei, ein tosender, schaumbespülter Wasserfall herabstürzte, der im Lichte sprudelte und funkelte und dann übergangslos wie eine große glatte Decke im weiten, grünen, prallvollen Wogen versank, die silbergesäumte Savanne am Horizont erreichte und ins Meer mündete.

Gringo setzte sich, der Atem stockte ihm; endlich schien er in seinem grenzenlosen Heimatland angelangt zu sein.

Rani schüttelte den Kopf und berührte mit einem Finger ihre Nasenspitze, als wäre es etwas zu … ja, vielleicht allzu beunruhigend. Sie schaute Gringo an, dann die Savanne und nochmals Gringo; es sah fast so aus, als folgte sie einer unsichtbaren Bahn zwischen seinem Herzen und jener lichten Weite des Raums. Und zum ersten Mal zog sich ihr Herz zusammen wie vor einer Gefahr, die noch größer war als die Vrittrus.

– Warte, sagte sie, laß deine Füße im Bach.

Und sie wusch ihm seine Wunden.

Das Wasser war kalt und brannte.

– Hast du Hunger? Willst du eine Nuß – eine Chawarinuß?

Gringo schüttelte den Kopf. Er lauschte dem endlosen Brausen, durch das zuweilen der Schrei eines Kolibris drang wie ein langer zärtlicher Pfiff, der für kein Ohr bestimmt war, oder dann für die brennendhelle Unendlichkeit am Ende aller Wege.

– Kleine Königin, sagte er endlich, was kommt nach dem Menschen?

– Nach dem Menschen?

Sie war wie versteinert.

Gringo fuhr sanft fort:

– Nach dem Urwald kommt das Meer; nach dem Meer kommen die Wolken – und nach dem Menschen kommt was?

Die Wange mit einer Hand stützend, sinnierte sie lange, und in ihrem Herzen begann es zu brennen.

– Nach Gringo will ich immer Gringo.

– Mit den gleichen zwei Beinen, mit dem gleichen Hunger? Und dann Gringo-Babies, und dann die Gringos von Gringo im Urwald des Urwalds ... und das für immer?

Sie schaute ihn lange an, und ihr Blick verlor sich am Ende all dieser kleinen Gringos.

– Ob mit zwei oder drei Beinen, ich gehe mit Gringo. Nach den Wolken liebt der Regen den Wald noch immer.

Er strich liebevoll durch ihr zerzaustes Haar.

– ... Wohin du gehst, werde auch ich gehen, du bist mein großer Wald.

– Hör mal, kleine Königin ... ich weiß nicht. Ich bin fünfzehn Jahre alt, und ungezählte Jahre vor Gringo oder des Gringo für immer, und das ist ...

Er blieb wie über einer unbegreiflichen Spalte hängen, die sich inmitten dieser grünen Wirrnis aufgetan hatte.

– Es kommt etwas nach dem Urwald, etwas nach Gringo, ich weiß nicht. Nachher, verstehst du?

Sie wiegte den Kopf hin und her und schüttelte sich:

– Danach kommt mein Herz, das für immer schlägt.

XV – *Kleine Königin*

Und Gringo blieb zurück mit dieser klaffenden Spalte in seinem Innern, in der wie eine weiße Flamme loderte, ein glühendes Loch mit einem ewigen Hunger gähnte.

– Kennst du das Feuertor ... Ein ganz weißes Feuer.

Sie fuhr auf.

– Das Tor? ... Letzte Nacht, als du liefst, habe ich ein großes weißes Feuer gesehen. Ich bin mit dir gelaufen, und wir sind in das weiße Feuer eingetreten. Ich hatte all das vergessen.

Sinnend hielt sie ihre Nase weiterhin in die Höhe gestreckt, als erblickte sie ... was?

– Vielleicht ist es das, das Tor zum Nachher? murmelte sie.

Worauf sie plötzlich wie ein verletzter Vogel aufschrie:

– Aber mit dir, immer, immer! Durch gleich welche Türe!

Da nahm Gringo ihre Hand. Sie war ganz klein und braun und eiskalt. Er drückte diese kleine Hand, wie um ein Vögelein zu wärmen. Einige große Regentropfen fielen auf ihre Hände.

Dann sagte er langsam, gleich einem beschwörenden Spruch am Abend, um die Träume günstig zu stimmen:

– Zusammen werden wir durch das weiße Tor gehen, und von dort ins Land des Nachher.

Und der Regen fing an zu fallen, gewaltig, mild, im Einklang mit allem, den Wasserfall und den Urwald und zwei kleine wie durch ein Gebet der Erde verbundene Gestalten in seinem unermeßlichen grünen Prasseln einhüllend.

XVI

Sukuri

Der Regen fiel schon seit Tagen und Wochen, und Gringo irrte mit seiner Frage umher – ist das eine Frage, wenn man Hunger hat? Das Leben schien sich auf immer im gleichen Kreis drehen zu müssen, auf diesem oder jenem Weg, und mit den kleinen Tieren, die die Tage, ungleich dem Menschen, nicht vorübergehen sahen. Der Mensch ist in erster Linie das Wesen, das die Zeit zählt, auf der Suche nach einem ewigen „Etwas" dort drüben, in der Ferne, am Ende ... von was eigentlich? Als ob etwas fehlen würde, aber was denn?

Die kleine Pambaschlange ist unzweifelhaft da, im Laub zusammengerollt, desgleichen der braunweiß gestreifte Wiedehopf.

Sie tun, und dann ist es getan.

Wir tun, und es ist niemals getan.

Was denn ist nicht getan, nicht da, niemals da? Warum ist nie etwas da?

Gringo saß im Geflecht der hohen Mangrovenwurzeln; er betrachtete die halb unter Wasser liegenden Mangrovenbäume, den schwarzen, vom Regen durchsiebten Schlamm, auf dem zuweilen das grüne Blatt einer Seerose aufglänzte. Er betrachtete den unaufhörlichen Regen, die stille Schlange, die sich an der Wurzel zusammenrollte und züngelnd dahinglitt, als bewegte sie sich gar nicht. Verloren saß er da, weder Schlange noch Wurzel, nicht einmal dieser Lichttropfen, der auf dem Blatt der Seerose glitzerte. Er hätte jagen und fischen und wieder jagen und die Tage mit tausend einlullenden Gesten ausfüllen können – aber dann ... was ist dann? Ein plötzliches Unbehagen überkam ihn. Er drehte sich um.

Sukuri, die schwarzgold gefleckte Anakonda, kroch auf ihn zu. In diesem verwickelten Wurzelwerk konnte man nicht rennen, und Sukuri war noch schneller im Wasser als zu Lande. Wie eine lebendige Welle glitt sie langsam auf ihn zu. Gringo richtete sich auf. Er war nackt, und seine Haut schimmerte kupferfarben; sein triefender Körper war wie eine Flamme in diesem ungeheuren Gewimmel. Er starrte Sukuri mit der ganzen Intensität dieser Flamme an, die in seinen Augen brannte.

„Geh weg", sagte er mit klarer, neutraler Stimme. Sukuri hielt inne und starrte Gringo an.

Alles war völlig unbewegt, kein Beben, nichts.

Sie war so dick wie der Stamm eines Mangrovenbaumes.

„Geh weg", wiederholte Gringo mit abgehackten Worten. Und schlagartig wußte er, fühlte er, daß Sukuri ihre langen Muskeln anspannte – Mâ! schrie Gringo.

Da zuckte ein Blitz weißen Lichts. Gringo wankte und wäre beinahe rücklings in den Sumpf gefallen. Sukuri wandte ihren flachen Kopf ab und glitt lautlos wie ein tödliches Fließen quer durch die Wurzeln davon.

Gringo drehte sich um. Da stand SIE, schneeweiß und reglos, an der Böschung des Mangrovengewächses. Er ließ sich ins Wasser gleiten, tauchte und schwamm auf sie zu:
– Mâ!
Und er warf sich ihr zu Füßen.
– Steh auf, Kleiner. Ein Mensch geht aufrecht.
Liebkosend strich sie ihm durchs Haar; er schaute sie an, wie man in eine klare Quelle taucht, wie man sich im Glitzern der Wasser am Rande der Savanne verliert. Und alles blieb stehen. Es war die Zeit der Reglosigkeit dort, wo alles voll und ohne Entfernungen ist.
– Hör mal, Kleiner ...
Sie lächelte, und man war so ruhig in diesem Lächeln, und so sicher, als ob alle Jahrhunderte und Jahrtausende schon gelebt wären.
– Bald werde ich gehen ...
– Nein, nein, noch nicht!
– Sie sind meiner überdrüssig. Sie drehen sich in ihrer ewiggleichen Geschichte. Schon grollen sie.
– Was werde ich ohne dich tun?
– Wenn du mich nicht mehr hast, dann mußt du mich dort suchen, wo ich immer bin.
– O Mâ, der Boden entgleitet mir unter den Füßen. Ich kenne den Weg nicht.
– Dein Schrei wird den Weg schaffen, dein Schrei *ist* der Weg, so wie der Durst zum Wasser führt.
– Aber warum mußt du gehen? Kannst du nicht alle, so wie Sukuri, durch einen Blitz in Schach halten?
– Ich kann, sagte sie ...
Und es lag wie ein Anflug von Traurigkeit in ihrem Lächeln:

– Aber wer wird aufrecht bleiben unter den kleinen Menschen? Ich bin nicht die Königin eines in Angst und Schrecken lebenden Volkes.
– Aber warum lieben sie dich nicht? Warum nur?
– Alles, was das Gesetz umstürzt, ist dem Menschen ein Greuel. Sie wollen das Gesetz nicht verändern, oder nur um es durch ein anderes Gesetz zu ersetzen. Sie wollen jagen, fischen, schlafen … oder ein wenig träumen, Flöte spielen wie Quino.
– Mâ, Sukuri folgt ihrem Gesetz, und was ist das Gesetz des Menschen?
– Sein Gesetz ist es, das Gesetz zu brechen, Kleiner. Der Mensch ist das Wesen, das das Gesetz verändern kann. Sukuri kann dies nicht.
– Und wie werde ich diese endlosen Tage ertragen mit ihrem Hunger und dem Kielwasser ihres Dösens im Hintergrund?
– In der Frage selbst liegt die Antwort, so wie der Wassertropfen, der den Fels endlich bricht.
– Mâ, kannst du meinen Fels nicht brechen?
– Ich kann, sagte sie …
Und sie verharrte einen Augenblick und schaute in die Ferne, als bewegte sie sich durch die Masse der Tage mit ihren leeren Gesten und eitlen Begierden.
– Aber den Fels zu brechen, das ist die Macht selbst, das andere zu werden.
– Bis wohin gilt es zu gehen?
– Bis ans Ende von allem, wenn alle Wege abgenutzt sind. Hör zu, Kleiner … geh noch einmal durch das weiße Tor, und ich werde dich von der Last der leeren Hoffnungen erlösen – was man hofft, ist immer noch die Masse des

ungespaltenen Felsens. Wenn der Fels gespalten sein wird, ist es da.

Sie drehte sich leicht um.

In der Luft ertönte der gellende Schrei eines Eisvogels.

Vrittru stand mit verschränkten Armen vor ihr.

– … Und vergiß nicht: der Feind ist derjenige, der dir hilft, auf dem Weg zu gehen; ich habe ihn eingesetzt, um dich aus dem Schlaf zu reißen, so wie Sukuri, um dir deinen Schrei zu entlocken. Und jetzt geh, man wartet auf uns.

Und sie ging zum Menschen hin.

– O Königin, sagte er …

Er schob das Kinn vor und spreizte ein wenig seine X-Beine. Er wäre gerne König gewesen, aber König wozu?

– Du hast uns eine glückliche Erde versprochen, und wir sind dir bis hierher gefolgt, aber wo ist dein Überfluß? Unsere Kinder werden vom Fieber heimgesucht – meines liegt im Sterben. Beweise uns deine Macht!

Er steckte die Daumen in seinen Gürtel. Sie schien so zierlich.

– Gehen wir, sagte sie einfach.

Und sie verschwanden hinter den hohen Wurzeln der Mangrove.

XVII

Und wozu das?

Wenn Vrittrus Sohn nicht gerettet werden konnte, würde sie gehen. Sie würde gehen. Er betrachtete die Bäume, einen umgestürzten Stamm, dessen kleine Triebe von neuem zum Himmel strebten, die endlose Prozession der Feuerameisen mit ihrer Blätterbeute – fallen, vermodern, verschlingen und wieder klettern. Das Gesetz des Lebens. Aber wie ließ sich das Gesetz ändern, wo sollte man anpacken? Bald würde sie sterben, worauf sich dieser ganze Wald in ein einziges feindliches Gewimmel verwandeln würde. Der Tod, was ist das? Das Gesetz des Lebens oder das Gesetz des Todes? Den Tod verändern?

Sie lebte schon seit Urzeiten; sie sei von den fernen Schneebergen gekommen, hieß es – ewiggleiche Stämme, Gringos und noch mehr Gringos mit einigen Vrittrus und Wanderraupen unter ihren kleinen Blatthüten. Tausend solche Jahre? Was nützte es, dem Tod Einhalt zu gebieten, wenn sich dieses Leben nicht änderte?

Das Leben verändern?

– He, Prinzessin, was heißt das, das Leben verändern? Weißt du das?

Sie sah ihn mit ihren großen Mandelaugen an, die ihre Wangen verschwinden ließen; das Kinn auf die Faust abge-

77

stützt, kauerte sie vor dem Zug der Feuerameisen. Sie wiegte den Kopf nach links und nach rechts:

– Du bist sonderbar, Gringo … Was mich betrifft, mein Herz ist voll, und schon ist das Leben verändert.

– Sie wird uns verlassen.

– Wer? Mâ?

Sie erbleichte unter ihrer mattgoldenen Haut.

– Sie werden dich töten.

– Ah, siehst du … das Leben ist nicht mehr voll.

– Aber ich werde ihn zuerst töten, sagte sie impulsiv.

Gringo warf einen Blick auf diese tapfere kleine Frau mit ihrem orangeroten Strich auf der Stirn – sie war wirklich schön.

– Es gibt eine Unmenge kleiner Vrittrus …

– Ich werde sie alle töten.

In ihren Augen brannte eine solch wilde Flamme; Gringo sah sie an, als kenne er sie nicht .

– Dann werden wir ganz allein auf der Erde sein.

– Und Quino?

– Dann halt zu dritt, das ist schon etwas! Also, komm, kleine Königin, sei nicht so ernst …

– Was sagst du da, stieß sie hervor … Was soll diese Idee, das Leben zu verändern, das Curupira in deinem Kopf, das muß man ändern!

Gringo lachte, aber er war sich seiner Sache nicht so sicher.

– Und du dort oben, was sagst du dazu?

Der Kopf Quinos tauchte zwischen den Ästen auf; mit seiner Flöte in den Händen und seinem struppigen schwarzen Haar wie der Schwanz des großen Ameisenbärs und seiner Stupsnase sah er aus wie frisch vom Mond gefallen. Er ließ sich den Stamm hinabgleiten.

XVII – *Und wozu das?*

– Was soll ich?

– Er will das Leben verändern, sagte Rani, verstehst du das?

– Aah! sagte Quino, indem er den Mund aufsperrte wie ein Fisch ... Und wozu das? Willst du Honig? Da oben gibt's einen ganzen Bienenstock ... Aber die stechen.

Gringo zuckte die Achseln und lief weg. „Und wozu das? ...“ Es war ihm selber nicht klar, weshalb ihm eine Honigwabe und seine kleine Königin, die so anmutig dahinhüpfte, nicht genügten.

Sie kamen am Ufer des Smaragdsees an.

– Wie schön! rief Rani aus.

Sie setzten sich auf den Fels bei der kleinen Quelle.

Quino nahm seine Flöte zur Hand und spielte zwei Noten, die tönten wie der entzückte Ruf des Nektarvogels, wenn er nach dem Trinken der Blüte wieder auffliegt.

Gringo öffnete die Hände wie eine Schale.

Die beiden Noten widerhallten endlos in Gringos Kopf.

Und das war alles.

XVIII

Die Zitadelle

Er trat durch das Flammentor.

Es wehte wie ein Wind durch seinen Körper: seine Beine, seine Arme, seinen Kopf; mit geschlossenen Augen bewegte er sich vorwärts in einem Lichtwind, wie durchzogen und umgeben zugleich von einer weichen, sanften Welle, die die Grenzen schmolz, den starren Rahmen seines Körpers sprengte, die Knoten, Fasern und Dunkelheiten in Myriaden von kleinen Lichtexplosionen löste und aufhellte und ihn frei und leicht in einer immensen ewigwährenden Zärtlichkeit davontrug. Einen Augenblick lang wollte er diesen Faden von ihm zurückhalten, dieses Pochen des Herzens und dieses sonnenhafte Raunen an einem grünen Ufer, als suchte er dort in den samtenen Falten eines in Schatten gehüllten Sees eine verlorengegangene Erinnerung, doch dann öffnete er seine Hände, als entließe er einen Vogel in die Freiheit ... er übergab sich dem sanften Wind eines erinnerungslosen Ufers, wo die glatten Schilfrohre sich wogend neigten, ohne jegliche Spuren zu hinterlassen. In einem Lichtgewand durchzog er große vergessene Jahrhunderte, und wie getragen vom unfehlbaren Gedächtnis eines Vogels bewegte er sich auf ein Land der Leichtigkeit unter rosigen Meridianen zu; dort, am Ende aller Zeiten, ging er dahin in einer unermeßlichen Zärtlichkeit, die ihm Heimat und stille Arktis unter weißem Flügelschlagen war.

Dann fiel er zu Boden, wie aus beträchtlicher Höhe. Um ihn herum ragten Wände, ein Gang. Alles war gebadet in ein mildes Licht und in ein so tiefes Schweigen, daß es in der Ferne an einem hohen kristallenen Bergkamm zu widerhallen und wie ein Glockenspiel unter weiten Schneemassen zu schlagen schien.

Seine Finger berührten die Wand. Eine viereckige Steinplatte vor ihm füllte sich unter seiner Berührung mit einer blauen Flamme gleich einer saphirnen Feuersglut. Ein kühler Windhauch wehte, und sein Körper nahm eine neue Dichte an. Er schob die Platte weg.

Eine Flut von Sonnenlicht.

Umgeben von kreischendem Möwengeschrei befand er sich am Fuß einer von Gischt und Wind gepeitschten Zitadelle.

Gringo saß auf einem Felsen und schaute.

Das Meer schwoll an wie ein ungeheurer blauer Leib, um sich dann unter Schaum und Getöse in die Grotten unter ihm zu stürzen.

– Noch einmal, noch einmal! schrie Rani und klatschte in die Hände.

Ihre langen, golden schimmernden Haare flatterten im Wind, sie streckte die Zunge hinaus, um den salzigen Sprühregen zu kosten.

Gringo war wie gewöhnlich anderswo.

– He Gringo, du wirst deinen Unterricht verpassen!

Sie saß auf einem großen moosüberwachsenen Felsen oberhalb von ihm.

– Hörst du?

Und, platsch, schlug eine Welle über Gringo zusammen und verlief sich in rauschender Gischt. Er rührte sich ein wenig.

– O Gringo, seine Exzellenz wird toben, man wird dich ins Gefängnis stecken.

Diesmal lachte Gringo, und mit einem Satz, wie von Flügeln getragen, landete er oben bei ihr:

– Dann werde ich halt durch Wände hindurchgehen.

– Na, gut. Aber er wird dir die Hölle heißmachen. Also?

– Soll er sich zum Teufel scheren!

Er raffte seine Tunika zusammen, nahm die Hand Ranis, um dann plötzlich innezuhalten.

– Ich habe soeben etwas Seltsames geschehen …

Er blickte Rani an, als versuchte er, sie mit einem anderen Gesicht zu verbinden. Sie war schön, völlig aufrecht stand sie da im Wind, mit wehenden Haaren und die Augen in einem steten Lächeln, oder vielleicht auch wegen der Gischt, zu einem Spalt verengt.

– Du warst über mich geneigt. Es war am Ufer eines Sees, der von eigenartigen grünen Bäumen umgeben war, wie große Farne, weißt du, leicht wie ein zierliches Blätterornament … Du warst halbnackt mit einer schwarzen Locke über der Stirn. Du sahst mich sehr intensiv an, du schienst Kummer zu haben, oder vielleicht auch Angst, ich weiß nicht. Quino war auch da. Es sah aus wie in einem großen Wald. Aber es waren vor allem deine Augen … Du hast keine schwarzen Augen und doch waren deine Augen so voller … ich weiß nicht. Und dann plötzlich das Gefühl: wir müssen ganz schnell etwas tun, sie werden sie umbringen …

– Oh!

– Aber was tun? Etwas mußte getan werden, das war ganz klar. Etwas, das sie retten konnte, oder uns retten konnte, ich weiß nicht. Und dann war ich nackt und völlig bewegungslos, als ob ich schliefe oder träumte. Dennoch sah ich alles sehr genau.

Sie legte einen Finger an ihre Nasenspitze, für einmal sah sie ernst aus.

– Sie wollten sie also töten … Sag mir, könnte das nicht ein vergangenes Leben sein?

– Ob Vergangenheit oder Zukunft … Jedenfalls sahen wir sehr primitiv aus.

– Sag mal, werden sie sie denn immer töten? Wurde sie immer umgebracht? … Oder vielleicht hast du einfach geträumt.

– Und jetzt träume ich auch?

Sie lachten beide, und der Wind ließ ihre Kleider flattern, als wollte er sie zu einer fernen Insel tragen, dort, hinter den Schreien der Möwen und hinter der Gischt auf Atlantis.

XIX

Seine Hoheit

Gringo eilte durch die großen blauen Gänge der Zitadelle, kaum berührte er die Erde, er schien sich ohne jegliche Mühe vorwärtszubewegen. Alles war merkwürdig gedämpft hier unter diesem blauen Leuchten der Wände, als durchkreuzte man einen unterirdischen Meereshimmel. Er gelangte zum großen Tor – war es ein Tor? Es war dunkelblau wie das Meer und halbkreisförmig. Er raffte seine weiße Tunika zusammen, fuhr sich übers Haar und berührte mit den Fingerspitzen diese blaue Substanz, die in sich zurückwich. Er befand sich im Arbeitssaal.

Niemand rührte sich.

Es waren an die zwanzig; mit einer blauen Tunika im selben Farbton wie die Wände bekleidet, saßen sie auf einem plüschartigen Teppich in einer Runde. Der riesige kreisförmige Saal war von zwölf weißen Säulen eingerahmt, die auf blauen Kapitellen eine milchigweiße Kuppel trugen. In der Mitte hing ein Gong an einer Kette. Jedesmal, wenn er diesen Saal betrat, meinte Gringo zu ersticken … Er blickte auf seine aus dem Rahmen fallende weiße Tunika, glättete die durch den Gischt verklebten Haare und warf einen zweiten Blick auf den Mann in der Mitte – da kam eine Welle von Härte und Unzufriedenheit auf und zerstreute das ganze schöne Sonnenlicht, das ihn eingehüllt hatte. Schlagartig trat er in die Mechanik ein. Die „Mechanik", das waren für Gringo all diese kleinen kalten und zweckbestimmten Strahlen, die die Substanz und die Menschen manipulierte. Man befand sich nämlich in jenem Reich der Atlanter, in dem einige Menschen durch die okkulten Kräfte Herrschaft über die Natur gewonnen hatten, so wie andere später sie durch die Zauberformeln der Wissenschaft zu meistern glaubten. Seine Hoheit nickte mit dem Kopf und nahm seine Rede wieder auf. Gringo reihte sich neben Quino in die Runde.

– Hier liegt der Ursprung des Rhythmus ...

Er berührte seine Magengegend, indem er den Atem anhielt. Mit einer violetten Toga bekleidet, thronte er auf einem Brokatkissen. Fast sah er aus wie ein alter Kondor mit seinem durchdringenden Blick: ein gealteter und mit einem Bart gewappneter Vrittru, um seine bitteren Falten und sein gewalttätiges Kinn zu verbergen.

– Wenn ihr das hier beherrscht, dann beherrscht ihr es überall, in den Steinen, den Tieren oder den Menschen, denn in allem ist derselbe Rhythmus. Und dieser Rhythmus umschließt die Welt und jedes Ding in seinem präzisen Netz ...

Er erhob sich.

– Seht ihr diesen Körper, er ist aus Materie gebaut so wie jeder andere, aber was ist das eigentlich, die Materie? ... Die Materie, das sind Energien, die sich in einem bestimmten Schwingungsnetz angeordnet haben – dieses Netz gilt es aufzuknüpfen. Man muß auf den Rhythmus einwirken, der dieses bestimmte Netz erschaffen hat ...

Dies gesagt, sammelte er sich einen Moment ... und verschwand langsam wie ein Gegenstand, der sich spurlos auflöst, oder wie etwas, das nach und nach aufhört, das Licht zu reflektieren. Immer noch hörte man seine harte Stimme:

– Folglich könnt ihr alles Beliebige dematerialisieren ... Ihr seid Herr über das Leben. Und durch das Aussenden der entsprechenden Schwingung könnt ihr auch jede beliebige Sache in Erscheinung bringen ...

Man vernahm ein Zischen und ... es erschien eine schwarze Schlange, die plötzlich zwischen den erstarrten Jüngern über den Teppich glitt. Dann fuhr die Stimme fort:

– Die undurchsichtige Materie, die euch umschließt, ist ganz einfach eine schwere Schwingung, die dem kleinen Lichtspektrum entspricht, das eure dummen Augen wahrnehmen können – daneben gibt es das ganze übrige Spektrum.

Und ohne Übergang materialisierte er sich wieder auf seinem goldenen Kissen und ließ die Schlange mit einem einzigen Fingerschnappen verschwinden.

– Und so wird allen kleinen unnützen Schlangen der Garaus gemacht.

Darauf zog er einen durchsichtigen runden Gegenstand aus den Taschen seiner Toga.

– Du, Quino, komm hierher. Wiederhol die Übung.

Quino war grün vor Angst. Er setzte sich vor den Meister, räusperte sich, legte seine Hände auf die Knie und holte Atem. Vrittru hielt den Gegenstand in seiner flachen Hand. Quino starrte auf den Gegenstand, ohne daß etwas geschah.

– Du hast wohl Angst, was, du bist eine Elendsgestalt! Warum kommst du überhaupt hierher? Das ist keine Schule für Kleinkinder. Los, troll dich, du kannst dich zum ganzen Rest gesellen.

Wortlos stand Quino auf und verließ den Saal. Gringos Hände waren feucht vor Wut.

– Wir sind hier, um eine neue Menschheit zu bilden, fuhr Vrittru fort. Wir wollen heraustreten aus diesem Kreis der Angst und des Hungers und der Unterwerfung unter diesen kleinen trüben Rhythmus, der die Tiere, die Wesen und die ganze Welt einschließt – verstanden? Wir wollen eine neue, freie Welt.

Es schien, als schlüge er seine Zähne in die Welt. Darauf steckte er den Gegenstand wieder ein und wandte sich Psilla zu. Es hieß, sie sei seine Lieblingsschülerin. Sie war schön und groß wie eine Statue, aber da war diese spitze Nase, die Gringo nicht gefiel, und diese hart leuchtenden Augen, die nehmen wollten.

– Du, Psilla, was bedeutet das für dich, eine freie Welt?

Sie reckte den Kopf in die Höhe, holte tief Atem und blickte einen Augenblick lang auf den Gong. Langsam begann der kupferne Gong zu vibrieren: ein dumpfes ansteigendes Geräusch, als hätte man sein Zentrum berührt. Dann sagte sie mit klarer, abgehackter Stimme, so wie man einen Reiskuchen abschneidet:

– Von nichts mehr abhängig sein.

Seine Hoheit nickte. Gringo spürte einen kalten Strahl, der sein Herz traf. Er wußte, jetzt war er an der Reihe.

– Und du, Herr Rebell, was sagst du dazu?

Am liebsten hätte er „Geh zur Hölle" gesagt, doch er hielt sich zurück. Nein, er hatte keine Angst, Gringo hatte nie Angst, aber wenn man ihn verjagte, würde sich das Tor zur Zitadelle hinter ihm schließen, und er würde Mâ nie mehr sehen.

– Eine freie Welt? ...

Gringo biß die Zähne zusammen.

– In der Luft fliegen, ja, nicht mehr von dieser plumpen Schwerkraft abhängen, ja – aber frei wozu, wenn ich nicht alles liebe und nicht von allem geliebt werde?

Ein Raunen ging durch die Runde.

– Zeig mir deine Macht ... Was kannst du tun, um das Los der wimmelnden Massen zu lindern?

– Und du? fragte Gringo. Abgesehen von den Tricks, den Gong in Schwingung zu versetzen und durch Wände zu gehen?

Vrittru erblaßte unter seinem Bart.

– Wenn alle im Besitz der Macht sind, werden sie ihr Elend hinter sich lassen.

– Oder sie werden alles aus dem Weg räumen, was ihnen nicht paßt.

– Du bist nicht nur ein Rebell, sondern ein Obskurantist: du leugnest den Wert der Wissenschaft. Du bist nicht würdig, hier zu sein. Ein letztes Mal, zeig mir deine Macht.

– Ich kann fliegen, wenn mein Herz glücklich ist.

– Und was sonst?

Gringo spürte wie einen eisernen Ring, der seine Schläfen zusammenpreßte. Einen Augenblick lang schloß er die Augen. Frei wozu, wenn nicht alles in einem Lächeln aufging? Mächtig wozu, wenn es einem nicht leicht war ums Herz, und satt wovon, wenn die Seele immer noch hungerte? ... Er öffnete die Augen und sah um sich herum all diese „Jünger", die hinter dickeren Wänden vermauert waren als die der Zitadelle – würden sie diese Wände je durchqueren? Das Schweigen rund um ihn lastete schwer wie Blei auf ihm, und er fühlte sich so fremd, so nichtig ...

– Also, was noch, wiederholte Vrittru. Zeig uns deine Liebesmacht!

Langsam stand Gringo auf.

– Wenn euch meine Macht erschlüge, dann erst wäret ihr überzeugt ...

– Und obendrein noch arrogant.

– Selbst wenn ich könnte, würde ich nichts tun – ich habe nur das Bedürfnis zu lieben.

Psilla fuhr auf ihn los wie eine Schlange:

– Wer sagt dir, daß wir nicht lieben? Einige werden durch die Wand gehen, und der ganze Rest wird mitgerissen. Wir sind die Pioniere, diese Menschen leben in Sklaverei – willst du mit ihnen Sklave sein?

– Wenn lieben heißt, Sklave zu sein, ziehe ich ihre Sklaverei euren brillanten Mächten vor.

– Ah, siehst du, du bist an die Nacht verhaftet.

– Genug, unterbrach Vrittru. Morgen bei Tagesanbruch wirst du auf die große Plattform der Zitadelle hinaustreten, und wenn du (nicht?) fliegen kannst, wie du sagst, wirst du ins Meer tauchen – oder auf den Felsen aufschlagen. Wirst du IHR zuliebe fliegen?

Da wußte Gringo, daß er nicht ihn, sondern Mâ treffen wollte.

Vrittru erhob sich und stemmte die Daumen in seine Kordel. Ein dunkelblaues Licht umgab seinen Kopf wie ein Strahlen.

– Ich habe gesprochen. Morgen wirst du den Beweis antreten.

Und mit einem Blick ließ er den Gong in vollem Ton erschallen.

XX

Die Zeit der Menschen

Würde er fliegen? Das Leben war merkwürdig gleichförmig, selbst mit der Macht zu fliegen. Und was würde bewirken, daß es nicht mehr gleich sein würde? Was wohl? Man bricht aus dem Käfig aus, ja, worauf man in ihn zurückkehrt, und alles ist wie zuvor. Man geht durch Wände, und schon bauen sich neue Wände auf. Aber eine Welt ohne Wände und ohne Käfig? Galt es, ein neues Organ zu erfinden? Sogar die Tiere erfanden Organe, um ihre Welt zu erkunden, und welches neue Organ sollte der Mensch erfinden, um alle Wände und alle Käfige verschwinden zu lassen? Fliegen hieß immer noch, den Käfig mit Flügeln auszustatten; Vrittru kannte lediglich das Geheimnis eines verbesserten Käfigs. Das Organ, welches Organ? Die Sache, die bewirken würde, daß es nicht mehr sein würde wie zuvor, niemals mehr.

Gringo betrachtete den mit Blüten übersäten großen Kirschbaum im Hof der Zitadelle: eine rosafarbene Flut, in der Kolibris im Festgewand schwärmten; er schaute auf das große rechteckige Fenster über dem Kirschbaum, und alles atmete Frieden. Sie war es gewesen, die den Hof entworfen, die Blumenwiese unter dem Kirschbaum und das Becken angelegt hatte, in dem das Wasser murmelte.

XX – Die Zeit der Menschen

Und Gringo schaute und schaute, so wie der arme Quino
in die Kristallkugel gestarrt hatte, bis ihm fast die Augen
übergingen. Die Atmosphäre, die von diesem Kirschbaum
ausging, war herzzerreißend – wer weiß, vielleicht würde
er ihn nie mehr sehen, aber das war es nicht: es war diese
Schönheit, diese rote Blütenkaskade, fast wie das Meer,
das er so sehr liebte, das rollende, gischtsprühende Meer
mit dieser Versprechung eines Landes von jenseits. Es war
ANDERS, etwas, das man „betrachtete", um dessen Farbe
und Schönheit tief in sich aufzunehmen. Und dann
erlahmt der Blick, man geht anderswohin, und wieder ist
es anders, und wieder erlahmt der Blick. Was aber, welches
vollkommene Organ würde bewirken, daß es nicht mehr
anders wird? Welche Million übervoller Blicke wie eine
Million entfesselter Kolibris im großen Baum der Welt?
Gringo wollte der Kirschbaum sein, er wollte das Meer
sein. In die gemächlichen Jahrhunderte des Kirschbaums
eintauchen und mit einem Möwenschrei mit der Brandung verschmelzen. Wo war es denn zu finden, jenes
Organ?
Nein, er flog nicht an jenem Abend, langsam stieg er die
Stufen zum Fenster über dem Kirschbaum hoch: eine
kleine, weichgolden ausgelegte Wendeltreppe.
Sie saß in der Fensternische, die Hände auf den Knien
gefaltet, ihre geschlossenen Augen schauten zum Kirschbaum, den sie nicht mehr sah. Oder sah sie ihn wohl
anders?
Sie hob den Kopf. Sie war in einen leichten weißen
Seidenumhang gehüllt, und immer, wenn man sich ihr
näherte, war da dieser Eindruck eines schneeartigen Rau-
mes, als träte man in ein langsames Schlagen von Flügeln
auf hohen Gipfeln. Mâ, das war die große Reise ohne

Ende. Mit ihr reiste man durch sanfte, perlmuttartige Jahrhunderte.

Gringo nahm ihre Hand. Sie war kühl und von kleinen violetten Adern durchzogen.

– Ja, Kleiner, ich weiß ...

– Ich habe keine Angst zu sterben.

– Ja, zu leben ist das Schwierige.

– Mâ, ich kenne deinen großen weißen Gang. Ich habe das Jadetor geöffnet, das zum sonnenhellen See hinausführt. Ich habe das Flammentor geöffnet, ich kenne das blaue Tor. Auch kenne ich, ganz allein in meinem Herzen, das Schneetor. Und wann werden wir an das wahre Tor pochen?

– Aber sie sind alle wahr, Kleiner.

– Ja, aber man geht weiter. Morgen werde ich durch das blaue Tor hinaustreten.

– Hast du nicht gerne ein wenig Spektakel? fragte sie ihn mit einem leisen Anflug von Spott.

– Mâ, ich habe so viele Dinge gelernt, du hast mich in so viele Geheimnisse eingeweiht, aber wo ist DAS Geheimnis?

– Aber es wächst in dir, mit jedem einzelnen Tor.

– Bedeutet das zu fliegen, oder soll man, wie Vrittru, sich dematerialisieren und rematerialisieren, durch Wände gehen und am großen Strom der Energien trinken? Ich kann das alles, oder wenigstens zum Teil ... ich kenne den Trick – aber DAS, was von keinem Trick abhängt, was so einfach ist wie zu atmen und was immer und ewig, überall da ist, als sei man auf keinerlei Tore mehr angewiesen: man ist da. Und man ist für immer da. Es fließt wie der Kirschbaum und das Meer. Mâ, der Kirschbaum ist größer als Vrittru, auch das Meer ist es, sogar dem Grashalm ist es wohl in seiner Grasgestalt, und er ist leichter als Vrittru – aber diese Menschenhülle? Das Geheimnis dieser Hülle kenne ich nicht. Es ist ein Gefängnis, dem ab und zu Flügel wachsen. Hat Vrittru etwa den wahren Schlüssel gefunden – aber auch er wird durch das blaue Tor hinaustreten, und solange das möglich ist, ist man eben nicht angelangt!

– Sie werden die ganze Erde mit ihrem „Trick" vergiften, sagte sie schlicht.

– Also?

Sie sann einen Augenblick, und es schien, als erblickte sie etwas weit, weit vor ihr, über dem Kirschbaum und jenseits aller Kirschbäume.

– Sie werden noch weitere Tricks erfinden.

– Wo ist also das Tor, und welches Tor?

– Du kannst nicht allein durch das Tor gehen, Kleiner, was nützt das schon?

– Müssen denn alle hindurchgehen? … Aber das liegt noch so fern … Will etwa Vrittru durch das wahre Tor hindurchgehen?

– Kleiner, du fragst nach Geheimnissen, die nicht von deiner Zeit sind.

– Ich werde morgen sterben.

– Kleiner Narr, du weißt sehr wohl, daß man nicht stirbt. Und wenn du willst, kannst du morgen fliegen.

Gringo wußte einen Moment lang nicht, wo ihm der Kopf stand.

– Willst du? fragte sie ihn mit einem Lächeln.

– Mit ihren Mächten und Kräften werden sie eine grausame und mitleidlose Welt schaffen.

– Ja.

– Ich will keine Macht: ich will lieben. Ich will, daß es fließt!

– Kleiner …

Sie nahm seine Hände in die ihren, und alles wurde so sanft und wie für die Ewigkeit, ohne hier und ohne dort und ich will oder ich will nicht.

– Die Liebe allein genügt nicht. Die Macht allein genügt nicht. Zur Liebe muß sich das Schwert gesellen.

– Vrittru umbringen?

– Er wird anderswo wieder aufschießen – die Menschen lieben die „Tricks".

– Was dann?

– Hör mal, Kleiner, ich kann dir nur eines sagen …

Über dem Kirschbaum hörte man den Schrei der Möwen.

– Wenn wir zum schwarzen Tor gelangen … Wenn keine anderen Tore mehr übrig sind und wenn alle Tricks gescheitert sind, wird für die Abermillionen kleinen Menschen die Stunde der Wahl schlagen.

– Was für eine Wahl?

– Die Intensität des Bedürfnisses wird den anderen Menschen hervorbringen, so wie der Kirschbaum zu seiner ihm zugedachten Zeit blüht. Es gibt eine Zeit der Menschen. Den Wesen ist eine Intensität eigen – oder eben nicht: die welken Blätter fallen. Der Baum wird geschüttelt.

Sie neigte sich ein wenig zu ihm und strich mit der Hand über sein Haar.

– Morgen wirst du fliegen, wenn du willst.

Worauf sie mit einem Anflug von Schalk hinzufügte:

– Es sei denn, wir fliegen alle zusammen mit den Möwen davon!

Und sie lachte wie ein kleines belustigtes Mädchen.

XXI

Mit dem Schrei der Möwen

Zur besagten Stunde war Gringo bereit. Er schritt durch den Hof und warf einen letzten Blick auf den großen Kirschbaum und das Fenster dort oben. Einen Augenblick lang verharrte er mit geschlossenen Augen. Im Wasserbecken quakten die Frösche. Ja, diese Stunde kannte er gut, sie war uralt in ihm, als ob sich Morgendämmerungen zu vielen anderen gleichen Morgendämmerungen gesellten; blind dahinschreitend konnte er all diese kleinen, weißen Formen von sich beinahe anfassen: eine lange Prozession von Toten an einem gleichen Morgen, jeder mit seiner Flamme in der Handhöhle – eine Flamme ist alles, was bleibt. Ein großer Blick auf nichts, ein Blick voll von Sanftheit.

Gringo stieg die Stufen zur Zitadelle hoch; der Stein fühlte sich kalt an unter seinen Füßen, ein Wind von oben liebkoste seine Schultern. Ihn fröstelte. Er fragte sich nicht, ob er gleich fliegen könne oder nicht; die Welt war von ihm gefallen wie ein abgetragener Mantel, wie eine abgenutzte und nicht allzu sichere Geschichte; er hielt diese Flamme in seiner Handhöhle, und dies war die einzige Geschichte, das einzige Pochen unter allem vergeblichen Pochen. Und es war sanft wie ein Vogel, und voll und warm – eine Million Gesten für diese eine Geste,

tausend Tage für diese eine weiße Minute, dieser einzige
Blick für nichts, und dennoch der Blick aller Blicke, das
Land, das man durch tausend Fenster hindurch zu erspä-
hen sucht. Behutsam hielt Gringo diese kleine Flamme in
seiner Handhöhle umfangen, dieses einzige pochende
und sichere Ding, so sicher wie das Ja zu all diesen Schmerzen, das Lächeln, das Tausende von Schritten getan hatte,
nur um am Ende all dieser Schritte sich selber wieder zu
begegnen, alles war einfach und offensichtlich. Dann
schloß er die Augen und ließ die Flamme steigen, ließ das
große stille Land in sich steigen wie eine sanfte Dünung
voll perlender Blasen und einem leisen Rauschen auf
einem kleinen nackten Strand.

Das Meer war leicht gekräuselt in der Ferne.

Unter dem Schrei der Möwen kam er zur Terrasse hoch.

Rani stand dort, die Haare dem Wind hingegeben,
aufrecht gegen Himmel und Meer stehend, wie eine Gali-
onsfigur, bereit den Raum vor sich zu spalten. Einen
Augenblick lang trafen sich ihre Augen. Es war reines
Feuer.

Und dann der düstere Kreis: er zuvorderst, mit seiner
violetten Toga, die im Winde flatterte, und die Arme über
dem Bauch gekreuzt, die stummen Jünger mit ihrer Angst
im Bauch; Psilla, vornüber gebeugt, als wollte sie aus den
Augen des Verurteilten eine perverse Lust schöpfen.

Er blickte auf das Meer vor sich, oh, so schön wie eine
Million von Silbervögeln!

Er tat drei Schritte zum Rand hin, der Wind roch nach
Fenchel.

Sie tat drei Schritte.

Und dann geschah alles sehr rasch: er sah einen Dolch
aufblitzen; sie warf sich auf Vrittru und durchbohrte ihm

das Herz. Er brach zusammen, die Jünger schrieen und Psilla machte einen Satz wie eine Tigerin.

Und dann ein weißer Blitz.

Da spürte er diese kleine warme Hand, die die seine nahm, während die Zitadelle unter einem Riesengetöse erzitterte und der Fels hinter ihnen sich spaltete.

Die Erde knirschte wie ein Schiff, das auf Grund lief, und in einem Kochen und Schmelzen des Meers und einem Bersten der Felsen riß sie sich schlagartig von all ihren Trossen los.

– Los! schrie Gringo.

Und sie öffneten ihre Flügel.

Und unter dem grellen Schrei der Möwen hoben sie ab in den großen Wind über dem wilden Schäumen.

XXII

Das Schneetor

Wie zwei Vögel flogen sie endlos in einem großen
weißen Gang außerhalb der Zeit, ohne Hafen und ohne
Ziel, einzig um der Freude des Flügelschlagens willen in
diesem Strom von Licht, nur unterbrochen von wie im
Schlummer daliegenden tiefen blauen Seen. Es gab keine
Vergangenheit, keine Zukunft, nur eine immerwährende
sanfte Gegenwart wie ein Flügel auf den glatten Feldern
des Unendlichen; es gab weder du noch ich, weder hier
noch dort, nur ein einziges langsames Schlagen von Flügeln und große auf eine ewige Schönheit gerichtete
Augen. Und der Flug setzte sich fort und fort wie das
leuchtende Echo einer Freude um ihrer selbst willen auf
den weißen Gebirgskämmen der Ewigkeit.

Sie gelangten zum Schneetor.

Schon nahm die Zeit Gestalt und Erinnerung an und
formte sich weiße Finger, um ihre Welt zu liebkosen.

Er drückte gegen das Tor; es füllte sich mit einer weichen Flamme gleich der Blütenkrone des Pfirsichbaums
und öffnete sich mit einem Hauch.

Gringo saß am Ufer eines vereisten Sees. Er war unbewegt und still wie der morgendliche Dunst, der sich im
Schilf verlor. Vielleicht saß er schon seit vielen Morgenrö-
ten dort: er schaute. Er schaute den Traum in der Tiefe

seiner Augen oder den frühen Perlmuttglanz zwischen den aufrechten Schilfrohren im langsamen Aufsteigen der Morgennebel. Und der See schien wie eine große Lichtmuschel im Schoße der nächtlichen Maschen. Hinter dem Schilf ertönte der Schrei einer Wildgans; ihr Ruf verlor sich in der Ferne in dem von einzelnen weißen Lichtstrahlen aufgerissenen Schatten des Moors oder vielleicht auch in der Tiefe seines Herzens wie eine in eisigem Schweigen erstarrte sehnsuchtsvolle Erinnerung. Etwas in ihm begann zu vibrieren: er erwachte zu Zeit und Erinnerung wie eine erste Wunde auf festem Schnee oder wie eine erste Furche, bebend vor Lebensfreude.

Da barst die Morgenröte in tausend Feuern, ein Goldgestäub auf die nächtlichen Fetzen versprühend und grüne Inseln aus Schilf über den vereisten Flächen enthüllend.

Wo ist sie? dachte er.

Denn die Zeit war immer „etwas-das-nicht-da-ist".

Augenblicklich erschien Rani oben an den Stufen, die zum See hinabführten. Sie war in einen großen Pelz aus lockigem Flaum gemummelt und trug eine kleine Hermelinmütze, aus denen ihre runden Wangen und ihre in einem Lachen zu einem Spalt verengten großen Augen nur knapp hervorschauten. Unter dem Arm trug sie ein Bündel Birkenblätter.

– Ich gehe Chacko füttern, kommst du mit in den Wald?

– Kleine Königin, sagte er, die Stufen hochsteigend, erinnerst du dich nicht?

– An was?

– Ich weiß nicht. Erinnerst du dich nicht?

– Du bist sonderbar, Gringo. Die Sonne ist schön heute, und der Schnee ist weich wie eine Daunendecke. Und dann dieser gute Tannenduft.

– Und Mâ?

Rani deutete mit dem Kinn zum Schloß, und unverzüglich erschien Mâ in der großen mit Fichten gesäumten verschneiten Allee. Gringo rannte auf sie zu, und Rani mit ihrem Blätterbündel unter dem Arm machte vor Freude Luftsprünge wie ein ausgelassener junger Bär.

– Wie schön du bist! rief Gringo aus und nahm die Hand Mâ's.

Sie war so alt wie der sonnenüberflutete Morgen, und in ihrem weißen Umhang erschien sie sehr groß.

– Du hast mich gerufen, Kleiner?

– Mâ, rief Rani aus, wir gehen Chacko im Wald füttern, kommst du mit uns?

Und alle drei machten sie sich Arm in Arm auf den Weg, sie in der Mitte und Gringo zu ihrer Linken.

Der Schnee knirschte leise unter ihren Schritten, die Sonne schien durch die weißbepuderten Fichten und ließ ihre goldenen Lichtsäulen auf die blendend hellen Kristalle fallen. Sie gingen in einem dufterfüllten Schweigen und schritten dahin durch immer gleiche Tage, von einer goldenen Lichtflut zur nächsten, in plötzlicher Glut entflammt, als zöge sie ein verzauberter Sonnenstrahl in seinen Bann. Gringo bewegte seine Hand im Strahl, und dann gingen sie weiter, und wieder ein Strahl und wieder der starke Duft des Harzes und der Schnee, der im Schnee versank.

– Mâ, warum …

Und er hielt inne, verloren in seiner Frage, die keine Worte hatte: es hieß ganz einfach „warum", und nichts war mehr verzaubert.

– Er will sich erinnern, sagte Rani achselzuckend, was für eine Idee!

– Mâ, heute morgen im Schilf habe ich den Schrei der Wildgänse gehört, und es war ... ich weiß nicht, wie etwas, das mich von weit, weit her rief.

Mâ lächelte; ihre Augen waren blau wie der See, wenn das Eis zu schmelzen beginnt, und ein leises Funkeln von Spott oder Belustigung tanzte darin. Mâ, das war die, die sich stets amüsierte. Gringo war der, der sich nie amüsierte. Er wollte das radikale Endgültige – aber was war das eigentlich, dieses Endgültige? Vielleicht war gerade dies seine Frage. In der Lichtflut festgehalten sein ... für immer und ewig?

– Willst du schon gehen?

Sein Herz zog sich plötzlich zusammen wie vor einem Abgrund.

– Gehen?

Er warf einen Blick auf die Fichten, auf die tänzelnde Rani und den federleichten, stillen Schnee.

– Mâ, was bedeutet dieser Schrei?

– Warte, ich werd's dir zeigen.

Rani begann zu rufen: „Chacko, Chacko!...“ Ihre weiche helle Stimme durchdrang das Schweigen wie ein Kristall. Die Fichten mit ihrem violetten Stamm wirkten erdrückend groß. Gringo fühlte sich in ihrer Umgebung nicht größer als ein Zwerg. Dann vernahm man ein dumpfes Stapfen und ein Krachen von morschen Ästen: es war Chacko, das große Rentier, mit seinen dampfenden Nüstern und dem gerade gewachsenen Geweih. Rani tanzte:

– O Chacko, großer Chacko, schöner Chacko ...

Sie hob das eine Bein, dann das andere, um sich dann um sich selbst zu drehen. Sie war völlig hingerissen, Chakko desgleichen, obwohl auf würdevollere Art. Er knabberte an einigen zarten Birkenblättern, worauf sie sich zu viert auf den Weg machten.

Sie gelangten zu einer vereisten Quelle inmitten großer, mit Rauhreif überzogener Felsen.

– Willst du es wissen? fragte Mâ.

Gringo war sich nicht mehr so sicher. Rani streichelte den Hals Chackos, der den Kopf beifällig hin und her wiegte. Sie stellte sich auf die Zehenspitzen, um seine Mähne zu kraulen und ihm ins Ohr zu flüstern: „Großer Chacko, schöner Chacko, lieber Chacko …"

– Mâ, rief sie, und wenn ich auf seinen Rücken stiege und einfach davongaloppierte, was meinst du?

– Siehst du, auch sie möchte sich davonmachen!… Nun, schau mal, ich zeig's dir.

Mâ bückte sich, nahm einen Stein und zerbrach den Spiegel der kleinen Quelle.

Ein schwarzes Loch erschien zwischen den zerbrochenen Kristallen.

Gringo war sich über gar nichts mehr sicher – aber das würde wohl so bleiben bis zum Jüngsten Gericht, sofern er sich nicht verwandelte … aber in was? Vielleicht in einen versteinerten Wasserspeier in einem Sonnenstrahl. Gringo, das war die immerwährende Frage.

Mâ legte ihre Hand auf Gringos Stirn.

– Bück dich und schau.

Es war schwarz. Zuerst nahm er sein weißes Antlitz unter einer Pelzmütze wahr. Rani summte noch immer: „Großer Chacko, schöner Chacko …" Alles war still wie für die Ewigkeit. Gringo betrachtete dieses Gesicht, diese Augen, die leuchteten wie ein Lichterbrunnen. Er spürte, daß ein Zauber gebrochen würde; sein Herz zog sich zusammen, Ranis Stimme entfernte sich immer mehr. Es wurde ganz

weiß. Er versank im weißen Brunnen, so wie der Hauben-
taucher mit einem Schrei ins Wasser des schimmernden
Sees taucht. Er hatte das Gefühl, gleich nach vorn zu
fallen, aber etwas hielt ihn noch zurück, vielleicht diese
leise Stimme, die wie durch Schneefelder hindurch von
weither zu kommen schien. Ein rundes Tor füllte sich mit
einer lodernden grünen Flamme, ähnlich wie leuchtende
Algen. Der Algenvorhang tat sich auf: Gringo schaute von
oben herab, wie über eine Luke geneigt, und erblickte
einen See und hohes Farn, und schließlich eine nackte
Gestalt von kupferfarbenem Teint, die auf den Felsen zu
schlafen schien; sie trug ein Lächeln auf ihren Lippen.

– Siehst du, das bist du, sagte Mâ mit klarer Stimme.

Eine andere, ein wenig kleinere Gestalt mit einer Hand
auf der Wange betrachtete eindringlich dieses Ich: es war
Rani. Alles war völlig unbewegt, wie festgenagelt. Gringo
schaute und schaute.

– Siehst du, du lächelst.

Er spürte, wie ein warmer, leiser Atem in ihm aufstieg.
Mâ legte ihre Hand auf seine Schulter.

– Warte.

Der See trübte sich leicht, wie Algen, die aufwallten und
sich wieder zurückneigten. Die Flamme wurde weiß, von
weitem schien er die Stimme Ranis gleich einem kleinen
Wasserfall zu hören. Dann verfärbte sich das Weiß zu
einem Amethystblau, und er sah wie hochsteigende Spiralen; die Spiralen teilten sich und ließen eine weiße Luke
durchscheinen. Gringo neigte sich nach vorn: er sah einen
Mann in Ketten, und andere Männer, die man zur Hin-
richtung führte; eine schwere Karre mit knarrenden Spei-
chen in einem fast roten Sand, und dann diese sich ins

103

Unendliche erstreckenden gezackten Gebirgskämme im Lichte der ersten Sonne. Der Mann lächelte.

– Siehst du, das bist du. Du lächelst.

Gringo schaute und schaute auf diesen Mann mit dem nackten Oberkörper, er spürte, wie er in diesem Blick versank und wie dieser Blick mit der Sonne auf jenen Bergkämmen verschmolz, dort oben über den roten Pfaden Turkestans, wo es gärte und brodelte unter den mit Lederhäuten bekleideten Menschen, während die Kriegsfahnen im feurigheißen Wind knatterten.

– Warte.

Die Gebirgskämme trübten sich, und der Blick verlor sich in einem letzten Aufleuchten der Sonne. Wieder wurde es weiß, und die weiche Stimme Ranis sang noch immer hinter dem Schnee.

– Willst du noch mehr sehen?

Gringo wußte es nicht, fasziniert verharrte er vor diesem Schneebrunnen, als gäbe er gleich irgendein Geheimnis preis. Dann füllte sich der Schneevorhang mit einer strohfarbenen, fast gelben Flamme, die sich unter dem Druck seines Blicks langsam teilte. Er sah einen Mann in einer steinernen Zelle; die Hände zwischen den Knien gefaltet und die Augen geschlossen, saß er auf einer Bank. Die Türe der Zelle öffnete sich. Unter diesen geschlossenen Augen verbarg sich ein Lächeln wie eine sanfte Flamme, die in eine ewigwährende Liebe aufging.

– Siehst du, das bist du.

Und die Stimme Mâ's ertönte neben ihm wie durch Lichtfelder hindurch, als wanderten sie für immer zusammen durch ein großes heiteres Land, wo alle Schmerzen aufgehoben waren, ja, nicht einmal existierten, sich in Luft auflösten wie ein Schattenvorhang auf einem großen unwandelbaren Schnee. Und Gringo verschmolz mit dieser Sanftheit, so wie das große Rentier dort drüben unter einem Sonnenstrahl mit der vereisten Tundra verschmolz.

Ein Priester legte ihm die Hand auf die Schulter: er trug ein Kreuz in seinem Gürtel, die andere Hand hielt eine Kordel umfangen. Gringo fuhr in einem plötzlichen Schrecken zusammen, und alles wurde weiß.

– Willst du noch mehr?

Gringo wollte gar nichts, er war Teil eines allgemeinen Zusammenbruchs. Er starrte und starrte auf diese weiße Frage auf dem Vorhang, der sich stets wieder schloß. Und solange diese Frage brannte, würde sich der Vorhang immer wieder öffnen müssen.

Er öffnete sich auf einer sonnigen Straße in einer Stadt. Eine breite Straße mit einem Gewimmel von Leuten inmitten eines unaufhörlichen Hupkonzerts. Unzählige Menschen, die wer weiß wohin gingen, gehetzt und düster, den Blick nach unten auf das Straßenpflaster oder auf irgendein imaginäres Ziel hinter diesem Menschengewoge gerichtet. Und dann plötzlich ein Student mit seinen Büchern unter dem Arm, der stehenbleibt, die Hand auf den Stamm eines Kastanienbaums am Straßenrand legt, die Augen nach oben richtet und schaut – auf was schaut? Einfach auf dieses Wogen, das an ihm vorbeifließt, oder vielleicht auf diesen Widerschein der Sonne auf einer Fensterscheibe, vielleicht auch auf nichts, ein so intensives Nichts, daß seine Augen wie leere Luken sind. Er schaut und schaut auf dieses vorüberziehende Nichts, auf den vorbeigehenden Tag, auf das Glitzern im Fensterglas, und auf einmal ist dieses NICHTS so intensiv, daß seine Hand nach unten sinkt und seine Augen sich eine Sekunde lang schließen – eine kleine leere Sekunde … Und dann füllt sich dieses Nichts mit einem namenlosen Etwas, das wie das Ein-und-Alles ist: eine kleine weiße Flamme wie ein Gebet oder wie ein Schrei vor dem Untergang. Da sah Gringo diese Augen sich wie ein Meer öffnen, und die ganze große Menschenmenge verlor sich in einem weißen Flimmern. Er starrte auf dieses Flimmern in seinem Herzen, auf diese angehaltene Sekunde, und es war wie ein Lächeln, das aus der Tiefe des Nichts aufstieg, aus dem Grund einer weißen Erinnerung. Ein Lächeln für nichts. Und doch war es das einzige Etwas.

Gringo erkannte sich.

– Mâ, noch mehr, ich will es wissen!

Darauf füllte sich der strohfarbene Vorhang plötzlich mit einem schwarzen Feuer. Gringo verspürte einen intensiven Schmerz. Große leere Augen öffneten sich auf einen weißen schneebedeckten Hof. In grobe gestreifte Sacktücher gehüllt, standen sie in Viererkolonnen – wie Tote, die auf den Tod schauten. Zwei Männer lagen auf einer kleinen Karre, die von anderen Männern in diesen gestreiften Sacktüchern gezogen wurde. Weiße Scheinwerferkegel fielen auf Schnee und Schatten. Und da war dieser Jüngling, der seinen Blick nicht abwenden konnte von jenen, die man gleich hängen würde, der mit großen leeren Augen auf dieses nackte Er-selbst starrte, auf diese endlosen Schatten, die wie er selbst waren, auf dieses schwarze nackte Nichts unter weißem Scheinwerferlicht, ah, dieser Schrei – dieser SCHREI im Innern wie aus der Tiefe von Leben des Todes, der Nacht und des Nichts, von endlosen Leben für nichts, Leben eines leeren Nichts wie ein erstickter Schmerz, wie tausend Schreie im Innern von tausend Menschen, die sich in einem einzigen Pochen, einer einzigen gräßlichen Sekunde zusammenfanden, wie

tausend Sterbende, die sich in einem einzigen Hauch am
Ende, in diesem einen verbliebenen Herzen, diesem einzigen Feuerblick vereinigten, und gleich würde alles einmal mehr unter weißen oder schwarzen Scheinwerferkegeln, unter nicht endenwollenden Schmerzen und Schrei-
en in sich zusammenstürzen: WOFÜR?
Und dieses „Wofür" widerhallte in der Schneenacht wie
das Schreien der ganzen Erde.
Dann schlug alles um.
Die Nacht erfüllte sich mit einer sanften Flamme gleich
einem blühenden Pfirsichbaum oder wie eine ferne
Musik, als ob all diese unzähligen Toten ihren Gesang und
ihr Geheimnis der Schönheit inmitten des Grauens und
ihr Geheimnis der Liebe inmitten des Schmerzes und das
stille Geheimnis hinter allen Schreien der Welt darbrin-
gen wollten:
– Du wirst es wissen, sagte sie.
Und es war wie ein Versprechen für die ganze Erde.
– Dieses Mal? fragte er.
– Ja, diesmal.
Denn dieses Mal würde es das Märchen aller Märchen
der Erde sein.

107

XXIII

DAS

Zwischen den zerbrochenen Kristallen blieb nur noch
ein schwarzes Loch. Gringo erhob sich wieder. Seine Augen irrten umher,
als tauchte er aus einem Alptraum auf. Dann erreichte ihn
der starke Duft der Fichten und das leise Knirschen des
Schnees: er wagte nicht, sich zu bewegen. Seine Augen
kehrten zu diesem schwarzen Loch zurück – träumte er?
Auf welcher Seite war der Traum? Völlig bewegungslos
stand Mâ hinter der Quelle, sehr aufrecht und groß in
ihrem weißen Umhang und fast mit dem Schnee verschmolzen. Man hörte keinen Laut. Chacko war zu seiner
vereisten Tundra zurückgekehrt, vielleicht trug er Rani
auf seiner Mähne; galoppierten sie dort drüben in einem
anderen Traum dahin? Er bückte sich und hob eine
Handvoll Schnee auf; ein Sonnenstrahl fiel darauf wie eine
Insel aus Gold. Das Leben war sanft und ohne ein Murmeln, wie ein großer Blick, der weiter und weiter wird und
sich verliert und einzig auf diese Unendlichkeit von
Schnee in seinem eigenen Herzen gerichtet ist oder auf
dieses Land dort drüben ohne Distanzen und ohne Zentrum, überall eins mit sich selbst, wie eine Myriade in den
Anblick ihrer eigenen Unendlichkeit versunkener Kristal-

le. Und alles lebte für immer in einem totalen Einverständnis.

Rani, die ganz klein erschien mit ihrer Hermelinmütze, tauchte zwischen den Schneewehen auf, vielleicht war sie eben aus einem Funkeln von Kristallen herausgetreten. Das Leben zeigte sich wiederum unter dem Anschein eines „Du" und eines „Ichs".

– Nun, hast du dich gut erinnert? ... Wie ist das, sich zu erinnern?

– Es tut weh.

– Was nützt das also? ... Weh, was ist das? Chacko hat alle meine Blätter gefressen, und jetzt ist er gegangen.

Sie pflanzte sich vor ihn hin und puffte ihrer Wangen auf.

– Wir haben uns gut amüsiert.

– Und wenn er nicht zurückkehren würde?

Sie war völlig verdutzt.

– Was sagst du da! Du bist wirklich sonderbar, Gringo, du hast wohl noch so eine „Erinnerung" erwischt.

Die beiden Fäuste in ihre Hüften gestemmt, wandte sie sich an Mâ:

– Mâ, was ist das, „weh"?

Und ohne die Antwort abzuwarten, kam es wie aus der Kanone geschossen: „Eine Antwort, wozu soll das gut sein. Sie atmet nicht, sie gleitet nicht auf dem Schnee, und sie riecht nach nichts. Voilà. Man kann sie nicht einmal verzehren, also, was soll's? Sie lebte jede Sekunde als Selbstverständlichkeit.

Gringo hingegen wollte Antworten, viele Antworten; er wußte nicht, daß die wahre Antwort die ist, die man verzehrt, wie Chacko, worauf es getan ist.

– Mâ ...

– Hast du das Spektakel nicht genossen? fragte sie leicht spöttisch.

– Aber …

– Ja, ja, ich weiß, es ist sehr ernst!

Und sie betrachtete ihn aus den Augenwinkeln.

– Aber wenn es sehr ernst wird, ist der Moment da, sich ein wenig lustig darüber zu machen, nicht wahr?

– Da waren all diese Menschen … Oh, Mâ, es war so dunkel!

– Hast du nicht gelächelt?

– Doch, aber … Was bedeutet das alles? Träume ich hier, oder habe ich dort geträumt?

Gringo nahm die Hand Mâ's; sie gingen zusammen durch den Schnee, und alles schien sich aufzulösen: die Fragen, die Erinnerungen, der Schmerz … Wenn er die Frage jetzt aus den Augen verlieren würde, war es aus.

– Mâ, sag mir, werde ich dorthin zurückkehren?

– Aber du bist ja auch dort, Kleiner!

– Das ist entsetzlich.

– Ja, es ist entsetzlich … falls du nur dort bist. Und wenn du nur hier wärest, dann gäbe es keine Welt!

– Rani würde sagen: wozu ist das gut, die Welt?

Mâ lachte schallend wie ein kleines belustigtes Mädchen.

– Sie „nützt" nichts: sie ist eine Tatsache, wie Chacko, der Schnee und der Schrei der Wildgänse hinter den Morgennebeln.

– Eine abscheuliche „Tatsache".

– Falls du nur in der Tatsache lebst. Hör mal, Kleiner … Und dann gibt's ja auch noch die Grillen im Wald, nicht wahr? Und die weißen Tauben, die wie Blätter auf die Flußböschung niederschweben, erinnerst du dich nicht?

Und dort auf dem Boulevard hat der Student über dem Menschengewoge gelächelt.

– Ja, solche Momente gibt's auch.

– Aber dieser Moment ist immer da. Es ist immer so, man bemerkt es nur nicht. Mein großes weißes Land ist immer da, hinter all den Augenblicken und allen Leben, selbst hinter diesem Mann, der gleich gehängt wird – nein, nicht „dahinter": darin. In jeder einzelnen Minute ist es in der Welt. Man bemerkt es, oder man bemerkt es eben nicht. Hast du nicht deine Hand auf den Stamm jenes Kastanienbaums gelegt? Und dann stand alles still: es war da. Es ist immer da! Du träumst nicht hier – du träumst dort, wenn du DAS hier vergißt. Und es sind offensichtlich Alpträume, mein Kleiner. Man muß das eine im anderen leben – ich selbst bin dort im Urwald, und noch in vielen anderen Wäldern, andererseits laufe ich hier mit einem gewissen Gringo. Es gibt keine zwei Welten, Kleiner, sondern nur eine einzige, mein weißer Gang ist mit allen Zeiten und allen Räumen verbunden. Es ist augenblicklich DA. Man muß sich erinnern. Die Menschen aber erinnern sich nur an den Alptraum.

– Aber warum ein Alptraum?

– Der Alptraum besteht darin, sich nicht zu erinnern.

– Aber man hängt sie, man foltert sie, das ist grauenhaft! Mâ, man hat mich zigmal getötet … Vielleicht wird man mich in dieser Minute wieder töten … irgendwo.

– Falls du dein Lächeln vergißt, ja.

– Das ist alles gut und recht … aber es ist grauenhaft.

– Ja, es ist grauenhaft, mein Kleiner … Es ist auch schön. Man muß das Schöne in das Abscheuliche einbringen.

– Aber mußte dieses Abscheuliche überhaupt ins Spiel kommen? Ich verstehe nicht. Nein, ich verstehe das nicht.

111

Mâ blieb einen Moment schweigsam. Nur das gedämpf-
te Knirschen des Schnees unter ihren Schritten war zu
vernehmen.

– Und warum mußte die Eiderente zuvor Fisch sein,
warum Muschel und kleine Alge in einem Sonnenstrahl?
Die Welt bewegt sich. Du steckst zwischen dem Fisch und
der Eiderente – ein Mensch zwischen heute und morgen.
Du hast einst auch hübsche Vögel verschlungen – heute
können die Menschen nicht genug kriegen von Philoso-
phien und Religionen, von diesem und jenem ... Was
weißt du von morgen?

– Im Hof, unter den Schweinwerferkegeln, das ist
schrecklich. Es ist vielleicht nur heute so, aber heute ist es
schrecklich.

– Aber man muß das Morgen im Heute aufblühen lassen! Man muß das weiße Land in der alten Nacht zum
Leben erwecken. Die Nacht, das ist „die Welt". Wenn es
nicht einige Schreie gäbe, würden sie nichts anderes als
Spargel zum Sprießen bringen, mein Kleiner!

– Mâ, du machst dich lustig ...

– Nein, ich mache mich nicht lustig. Wenn ich spotte,
meine ich es erst richtig ernst. Hör mal ...

Sie blieb stehen im Schnee. Sie war sehr aufrecht und
groß und majestätisch.

– Kleiner, man muß die neue Erde zum Sprießen bringen.

– Und wie?

– Nicht „einfach so", in ein paar Augenblicken. Wenn
du mein großes weißes Land, das nie stirbt, nicht nur in
deinen Kopf und dein Herz gebracht hast, sondern auch
in jeder Sekunde in deinen Körper, der hierhin geht und
dorthin geht ...

– Und dann?

– Dann wirst du ganz die Eiderente sein, und der alte Fisch wird wegfallen, so wie andere Tiere weggefallen sind, und das Schöne wird den Platz des Abscheulichen einnehmen. Man muß sich neue Flügel wachsen lassen! Man muß die Schönheit in seinen Körper und überallhin bringen, und dies in jeder Sekunde. Mein großes weißes Land ist da auf der alten Erde, in jeder Sekunde immer da!

– Werden sie dies wollen?

– Haben die Fische jemals Eiderenten sein wollen? ...

– Wann?

– Geh, und du wirst es wissen.

Sie gelangten zum Schloß. Die großen Fenster glitzerten unter dem Schnee. In der Ferne hörte man den Schrei der Wildgänse.

– Schau, sagte sie.

Gringo näherte sich dem Fenster. Alles war still im riesigen Saal: ein massives Schweigen, als ob die Zeit, in einem Kristall gefangen, stillstünde. Und im Saal war ein Wesen, allein, in weiß gekleidet, über einen Tisch gebeugt.

Es drehte sich um.

Einen Augenblick lang traf sein Blick Gringo. Ein unermeßlicher, sanfter Blick. Worauf alles schmolz: die Fragen, die Schmerzen, und heute und morgen, hier und dort – es war DAS, rein und ganz. Ein ewiger Augenblick, der alles erfüllte. Eine Sanftheit, die sich in Sanftheit verlor, und am Rande der Sanftheit für immer und ewig wie in Schnee versank, und weit, weit, jenseits allen Schnees wieder in Sanftheit schmolz noch und noch.

Gringo verlor sich darin wie die Möwe in der Brandung. Für diese Freude kehrte er zurück in die alte Nacht. Immer wieder von neuem ...

Gringo

Wie der Schrei der Wildgänse hinter den Morgennebeln.

XXIV

Dieses alltägliche Land

Er tauchte in seinen Körper wie in einen finsteren Wald.
– Na, du hast mir aber Angst gemacht!
Gringo stützte sich auf einen Ellbogen ab. Er lag neben
einem von hohem Farn umgebenen smaragdfarbenen
See, und da war der schrille Pfiff eines auffliegenden
Vogels und schließlich Tausende von Geräuschen, ein
allgemeines Knistern, Plätschern und Zischen, als sei er
von einer riesigen warmen Geräuschkulisse umgeben.
Rani schaute ihn mit großen dunklen Augen an. Sie war
halbnackt, unter der Brust trug sie einen Rock aus Rinden-
stücken. All das war sehr erstaunlich.
– Chacko ... ist er weg?
– Chacko?
Ein Etwas verflüchtigte sich sehr rasch zu einem Silber-
dunst, und dann war nichts mehr da ... Ein Etwas hinter
den Sammettfalten, wie das sanfte Kräuseln eines Wind-
hauchs auf dem See oder wie ein Schrei, von dem nur
noch ein Echo blieb, und schon war es nur mehr ein
Murmeln, das sich in einer grünen Nacht verlor. Gringo
strich sich mit der Hand über die Stirn.
– Ich weiß nicht mehr.
„Ich weiß nicht mehr", und dennoch ist es wie eine
Erinnerung in der Tiefe, eine namen- und formlose Erin-

nerung, etwas, das zieht. Man vermag sich weder an das Land noch an die Farbe zu erinnern, aber es zieht und zieht, es liegt hinter dem Vorhang, wie ein halbverblaßtes Leben, das mit seinen kleinen Lichtfingern an ein schweres Nachttor klopft.

– Rani, ich möchte mich erinnern ...

– ...

– Das ist so wichtig ... so wichtig!

Und plötzlich entfuhr ihm der Schrei:

– Und Mâ?

Merkwürdig, Mâ war wie diese Erinnerung, die sich ihm auf allen Seiten entzog – sie zu berühren, hieß, sich mit diesem namenlosen Land zu erfüllen gleich einer uralten Erinnerung.

– Sie pflegt den Sohn Vrittrus.

– Den Sohn von ...

Da kam Gringo alles wieder in den Sinn: die Mangrove, Sukuri, Vrittru mit den Händen in seinem Pumafell: „Zeig mir deine Macht."

– Wir müssen sofort aufbrechen.

– Quino ist schon gegangen, um zu sehen.

– Aber was ist passiert?

– Du hast an der Quelle getrunken, bist auf dem Felsen ausgeglitten, und dann warst du wie tot ... Ich hatte große Angst, du aber hast gelächelt.

Die alte Erinnerung war gegangen, es blieb nur noch dieses alltägliche Land mit seinen Geräuschen, Gesten und Farben, und den kleinen wie ein Rätsel innerhalb eines Rätsels sich bewegenden Menschen.

– Hat es lange gedauert?

Sie betrachtete den Sonnenschein auf den Zweigen der Palme.

– Du siehst es.

Es hatte nur so lange gedauert wie das Vorbeiflitzen eines Vogels oder ein Zwitschern, und gleichzeitig hatte es Jahrtausende und Aberjahrtausende gedauert.

– Du hast wieder dein Buschmesser vergessen, sagte sie abrupt.

– Mein Buschmesser? Wozu das?

– Du bist merkwürdig, Gringo ...

Sie hatte eine Art, „merrk-würdig" zu sagen, wodurch dieses kleine Wort wie eine Zärtlichkeit von weither klang. Er lächelte. Und so öffnet sich die Tür von Zeit zu Zeit und läßt einen kleinen Hauch durch, man weiß nicht von woher, aber er ist sehr vertraut. Kleine Worte, die keinen Sinn ergeben und doch voll zarter leichter Spuren sind.

– Hör mal, kleine Königin, wozu ist das gut, ein Buschmesser?

– Und wozu ist das gut, ein Mensch?

Man hörte jemanden rennen, das Geräusch von krachenden Zweigen. Quino erschien, völlig außer Atem:

– Shuma, der Sohn Vrittrus, ist gestorben.

Rani wurde totenblaß. Sie biß die Zähne zusammen:

– Gehen wir.

XXV

Der Hüter

Gringo näherte sich der Lichtung, schon vernahm er ein großes Jammergeschrei. All dies erschien ihm so belanglos, beinahe unwirklich, eine Art erfundene Geschichte, als läge dahinter etwas anderes, eine andere Geschichte, die sich dem Zugriff entzieht. „Es gibt den Menschen nach dem Menschen", pflegte Mâ zu sagen. Und plötzlich hatte Gringo den Eindruck, daß es nicht „nachher", nicht „dort drüben" war, nein, es war schon da, hinter ... was? So, wie wir den schönen Segelflossern des Smaragdsees hinter dem Wasserspiegel erscheinen mußten; es gibt einen anderen Spiegel ... der was spiegelt? Wie soeben auf diesem Felsen, etwas das sich sehr rasch hinter einem Silberdunst verflüchtigt – aber es ist da, es ist DA! Etwas, das zieht. Und vielleicht erschienen wir in der Sicht eines anderen Gringo, der sich in einer leichteren Luft und in einer Geschichte ohne Kummer bewegte, wie andere Fische in einem großen aquamarinfarbenen See wogender Wälder.

Was für ein Spiegel? Wo war der Spiegel? Dieser Spiegel mit einer so glatten und klaren Oberfläche, daß man ihn gar nicht sieht.

Unter dem ernsten, klagenden Ton der großen Doppelflöten gelangten sie zum Lager; zwei sich unaufhörlich wiederholende Noten, die zwischen den dichten Lianen auf- und abwogten. Es wurde Nacht. Gruppen von Männern und Frauen murmelten und klagten vor Vrittrus Hütte. Diejenige von Mâ stand für sich alleine, fast am Waldrand hinter dem Violettbaum. Dorthin wollte Gringo gehen.

– Warte, sagte Rani eindringlich.

Aber Gringo hörte nicht auf sie. Er ging dem Rande der Lichtung entlang, vorbei am Violettbaum.

– He, Gringo!

Er drehte sich um. Schon war ihm Vrittru auf den Fersen. Rani eilte herbei.

– Wohin gehst du?

– Zu IHR.

– Nein, du wirst nicht zu ihr gehen.

– Und warum nicht?

In seinen Augen funkelte ein solch kalter Haß, daß es Gringo fast den Atem abschnitt. Rani ergriff seinen Arm.

– Und du, kleine Schlange, troll dich. Das ist nicht dein Platz.

Sie richtete sich auf und schaute ihm voll in die Augen. Er zwinkerte. Eine Wut packte ihn:

– Niemand geht zu ihr.

– Ich schon, sagte Gringo.

Er stürzte auf Mâ's Hütte zu und strauchelte über einen Baumstumpf; ein brennender Schmerz durchzuckte sein Bein. Schon stand Vrittru vor dem Eingang, die Arme über dem Bauch verschränkt.

– Ich habe gesagt: niemand. Ich befehle hier.

– Nein, SIE.

Eine Gruppe plappernder Männer und Frauen sammelte sich hinter ihnen an. Und dann gesellte sich Brujos zu ihnen, schleimig wie eine Schnecke. Psilla, die Frau Brujos, groß und steif, eine Tukanfeder im Haar, verfolgte das Schauspiel mit einer Art Wonne. Vrittru war am Ziel seiner Wünsche, er triumphierte wie ein Truthahn im Hühnerhof.

– Sie hat keine Macht mehr, sagte Vrittru. Sie ist alt und schwachsinnig.

Gringo packte Vrittrus Armreif. Mit einem Fußtritt in den Bauch ließ ihn Vrittru drei Meter über den Boden rollen.

– Diesmal hast du deine Lektion, du Wurm.

Gringo rappelte sich wieder auf, er war wie von einer weißen Wolke umgeben; die zarte Hand Ranis zog ihn am Arm: „Warte, flehte sie ihn an, warte bis zum Abend."

Er wandte sich an die rundum stehenden Männer und Frauen, die das Geschehen wie verängstigte Tiere verfolgten.

– Und ihr sagt nichts? schrie Gringo sie an. Ihr seid also damit einverstanden?

Tödliches Schweigen. Niemand regte sich.

– Sie ist krank, sagte eine Stimme in der Menge. Man muß sie in Ruhe lassen.

– Das ist nicht wahr, rief Gringo aus. Sie ist NICHT krank. Sie ist niemals krank.

– Laß doch, Gringo, was kannst du schon tun? sagte eine Frauenstimme.

Gringo kam auf Vrittru zurück. Dieser stand mit angespannten Muskeln wie ein lauernder Puma vor der Türe. Von der Hütte Mâ's vernahm man keinen Ton.

– Sie ist nicht krank, sagte Gringo. Ich will sie sehen.

Vrittru reckte sein Kinn in die Höhe und versenkte die Hände in sein Pumafell, er sah aus wie ein wutentbrannter

Pygmäe – ein Zwerg, ja, wie ein aufgeschwollener Schlauch und strotzend vor falschen Muskeln.

– Sie ist krank, und du wirst sie nicht mehr sehen, sagte Vrittru. Niemand darf mehr zu ihr. Und wenn sie stark genug ist, wird sie die Hütte ganz allein verlassen ... Ha, soll sie doch ... wenn sie es kann. Niemand wird sie daran hindern!

Er lachte hämisch. Psilla trat näher wie eine Katze auf Sammetpfoten:

– Du bist sehr intelligent, Gringo, und du weißt, daß Mâ unsere von Herzen geliebte Mutter ist ...

Gringo überkam ein Brechreiz. Einen Augenblick lang musterte er diese dumme, feige Menge, diesen dickfelligen, triumphierenden Rohling, diese habgierige, scheinheilige Frau ...

– Wir kennen auch deine Gewandtheit und deine ungestüme Jugend, fuhr sie fort, aber wer ist stärker als das Gesetz des Stammes? Hat sie Vrittrus Sohn geheilt? Oder kann sie sich etwa selbst heilen und bis zum Violettbaum gehen? Sehen wir mal ... ruf sie doch!

– Das reicht, sagte Vrittru. Du Brujos wirst Wache halten und aufpassen, daß sie niemand stört.

Die Menge zerstreute sich.

Gringo blieb allein unter den glänzenden Augen Vrittrus und dem eisigen Blick dieser Frau. Er wußte, daß Mâ nicht herauskommen würde. Er wußte, daß er alleine war.

– Komm, sagte Rani und zog ihn am Arm fort.

Die beiden Töne der Doppelflöten nahmen wieder Besitz von der Lichtung: ernst, endlos, klebrig haftend wie Jahrtausende der Nacht und des Todes und der vergeblichen Klage in einem Gewimmel von Schatten, das sich verschließt.

Gringo

Er zog seinen Gürtel fester und warf noch einen Blick auf diesen Mann ... und auf einmal wußte er, daß ihm nicht Vrittru, dieser triumphierende Pygmäe, gegenüberstand, sondern der Hüter des Todes, genauso wie Jakaré, der Alligator, der Hüter des Sees oder wie der silberne Morgendunst dort drüben der Hüter eines anderen Landes war. Er stand weder vor dem Feind noch vor einem Menschen, nein, es war der-welcher-den-Übergang-hütet.

„Heute nacht werde ich zu ihr gehen", dachte er.

Er drehte sich zu Rani um.

Sie hielt ein Buschmesser in der Hand.

XXVI

Die Brüllaffen

Die Nacht bebte, ungeheuer, pochend, wie ein anderer Wald unter dem Wald. Das Kinn in die Hände gestützt und mit baumelnden Füßen wartete Gringo auf seiner Hängematte. Grüne und rote Leuchtkäfer flogen kreuz und quer im Surren der Moskitos. Er lauschte seinem Schmerz, seiner alten Frage: was war ein Mensch, dieses Tier, in der hohen, gellenden Flut der Nacht? – Nackt war er, und keinen anderen Ton hatte er als eine Frage, dies war sein ihm eigenes Quaken, seine dumpfe Musik, wie dieser stechende Schmerz in seinem aufgerissenen Bein. Er saß da, über ein Nichts geneigt, das wie ein Brennen schien, das einzige Etwas. Nach Millionen und Millionen Jahren und aufeinanderfolgender Wälder war der Mensch offenbar noch immer diese Frage, die im großen ewiggleichen Dunkel brennt mit dem Schrei der Nachtvögel.

Ein Mensch, das geht weit zurück. Und auf was bewegt er sich zu?

Er ließ sich aus seiner Hängematte gleiten, die kalte Klinge eines Dolches drückte gegen seine Hüfte. Nein, Vrittru bedeutete nichts, aber diese Frage? Wenn Mâ wegging, war er nur noch ein kleines nichtiges Quaken in einer großen rollenden Flut, worauf die kleinen Gringos wieder von vorn beginnen würden – bis wann? Wo ist das Ende, der AUGENBLICK von all dem?

Er schlich sich Meter für Meter voran, jeden Baumstumpf, jedes morsche Zweiglein abtastend, er mußte Vrittrus Hütte umgehen, um zum Violettbaum zu gelangen. Und wenn er diesen Dolch in Vrittrus Herz rammen würde? ... Einen Moment lang zögerte er. „Was nützt das, ein Mensch?" pflegte Rani zu sagen. Aber ...

Ein Lichtschein schimmerte zwischen dem Laub der Hütte, man wachte bei Shuma; morgen früh in der Dämmerung würden sie ihn verbrennen. Nur damit die kleinen Shumas, die kleinen Gringos die Runde von neuem beginnen konnten.

Eine Schlange floh vor ihm. Ohne einen Laut kroch Gringo weiter. Jetzt kam er zu Mâ's Hütte. Sein Herz schlug zum Zerspringen. Brujos, die schleimige Schnecke, saß ungefähr zwanzig Meter vor ihm auf dem Violettbaum ... Das Töten wollte kein Ende nehmen.

Er schlich sich von hinten an die Hütte heran und schnitt mit seinem Dolch ein Stück der Blätterwand heraus. Eine kleine Lampe brannte auf dem Boden und beschien die Hängematte wie ein nächtliches Boot.

Ganz weiß und reglos lag sie in der Hängematte. Ihre Arme ruhten längs des Körpers; endlos, ohne einen Laut schien sie auf einem ungeheuren nächtlichen Strom dahinzugleiten.

Sie lächelte.

Gringo zog einen Palmkohl aus seinem Gürtel.

– Da, iß, das ist gut, hauchte er.

Seine Hand ergriff die ihre, er fühlte plötzlich den Drang loszuheulen, einfach so. Diese Hand war kühl wie die kleine Quelle.

– Du bleibst, nicht wahr? Morgen bringe ich dir Algen
vom Wasserfall mit ...
   Sie schaute ihn lächelnd an. Er wußte, daß es vergeblich
war, er wußte, daß sie nicht die Absicht gehabt hatte,
Vrittrus Sohn zu heilen, er wußte, ... und dennoch fragte
er, wie diese eitle Frage in seinem Herzen, weil man nicht
umhin konnte zu brennen, weil man schlicht bis zum
Ende gehen mußte. Und das Ende, das war wie diese
diamantenen Augen mit warmglühendem Gold auf dem
Grunde. Aber das Leben? Dieses Leben, das noch nicht ist.
Dieses brennende „Noch-nicht"?
   Er drückte Mâ's kühle Hand, und seine Frage platzte
wie eine Seifenblase im Schrei der Lechuzasvögel und der
schrillen Woge der Nacht.
   – Mâ ...
   Sie schüttelte sanft den Kopf und schloß für einen
Moment die Augen. Ihre Hängematte schien leicht auf
einer Flammenkuppe zu wiegen. Und dann ... von weither, aus der Tiefe des Westens und dem endlosen Wogen
der Bäume kommend erhob sich wie eine große
nächtliche Flutwelle das Geheul der Brüllaffen, ein dumpfes, rauhes Grollen, das immer näher kam und von Baum
zu Baum an Intensität zunahm; das düstere Gebrüll rollte
durch die Nacht und deckte die ganze Lichtung zu, wie ein
phantastischer wilder Chor, der direkt aus den Eingewei-
den der Erde mit ihren Jahrtausenden quälender Nächte
zu quellen schien, wie das mächtige, besessene Schlagen
von tausend Fäusten, die eine ungeheure Brust der Revol-
te behämmerten, der sich ein plötzlicher Schrei entrang –
dann zog sich die irrsinnige Flut langsam von Baum zu
Baum wieder zurück, um sich schließlich in den Schluchten der Serra und einer noch dichteren Nacht zu verlieren

und aufzulösen; nur noch ein leises Raunen war zu vernehmen, gefolgt von einem abrupten Schweigen gleich einem Abgrund – zurück blieb ein kleiner einsamer Mensch mit klopfendem Herzen, nackt und lächerlich inmitten des uralten Dschungels ...

Die Hängematte bewegte sich leicht, als hätte sie sich ihrer Haltetaue entledigt.

Gringo hielt immer noch diese Hand in der seinen.

Dann, auf einmal tauchte er wie ein Kormoran in die glatten Wasser, angezogen vom Sog eines glühenden Trichters.

Zweiter Teil

Das Tor zur Neuen Welt

XXVII

Die Reise um die Welt in vierundzwanzig Minuten

Er sank in eine schwindelerregende Tiefe, fast spürte er
einen Windhauch gegen seine Ohren, und brutal wurde
er auf den Grund eines Lochs geschleudert.
Es war völlig dunkel, wie in einer Höhle. Er berührte die
Wände und tastete seine Umgebung ab, um dieser Erstik-
kung zu entrinnen. Da war eine Steinplatte. Die Platte
füllte sich unter dem tastenden Druck seiner Finger mit
einer Flamme: ein schwarzes Feuer. Er stand vor dem
Schwarzen Tor.

Schlagartig öffnete es sich, und unter dem Geheul eines
Saxophons wurde er mitten auf eine grelle, glühendheiße
Straße geschleudert, in der es wimmelte vor Menschen,
während die schrille Note des Saxophons stieg und stieg,
die Luft zerriß und sich endlich in einem kreischenden
Miauen überschlug, all dies unterstrichen vom Schlagen
von Zimbeln wie ein Faustschlag.

Gringo betrat eine vollkommen verrückte Welt.

Er lief auf dieser Straße, als wäre es die natürlichste
Sache der Welt. Rani tänzelte neben ihm, sie trug Jeans,
und ein Eiscreme schleckend, schüttelte sie ihren Roß-
schwanz.

– Wau, rief sie aus, gehen wir hinein?

Jetzt hatte der Krach seinen Höhepunkt erreicht. Ein Mann mit einer großen Kasse um seinen Bauch und eine Zimbel schlagend, setzte seine Rede fort:

– Hereinspaziert, meine Damen und Herren, *die* Gelegenheit, eine Reise um die Welt in vierundzwanzig Minuten. Nur fünf Francs.

Und brumm, ein Zimbelgeschmetter!

Gringo zögerte einen Augenblick.

– He, Gringo, wollen wir es wagen? Eine Reise um die Welt für fünf Francs, das ist nicht teuer auf den Kilometer gerechnet.

Sie traten ein.

Der Präsident der Republik, angetan mit einem Klappzylinder, hielt gerade seine Ansprache auf dem Rednerstand in der Mitte. Er war sehr vornehm. Jedenfalls trug er eine schöne Krawatte.

– Bürger und Bürgerinnen, sagte er, kurz gesagt, die Stunde ist ernst, wir stehen vor einem dieser Schicksalswendepunkte, an dem wir uns entscheiden müssen ...

Zimbelgeschmetter.

– ... uns entscheiden, ähm, zwischen der mokratischen Wahrheit des Rechts der Völker, frei über das Erbe ihrer Väter verfügen zu können ... das – seien wir uns dessen bewußt – heilig ist ...

Da erschien der Feldhüter (im Ruhestand) mit drei Ballerinas und einer roten Nase auf der Szene. Er trug ein patriotisches Spruchband und hatte einen Lautsprecher zur Hand. Kleines Ballett: „Ah, die Mokratie, die Mokratie, die Mokratie ...", Zimbeln und Pirouetten. Der Präsident fuhr fort:

– ... Oder sonst das schmähliche Scheitern der Unterwerfung unter die antimokratischen Kräfte, die am finanzpolitischen und spirituellen Horizont der Menschheit auf ihre Stunde warten …

– Bravo! schrie ein Spiritualist.

– Somit brauchen wir noch weitere drei Milliarden Dollar, um die letzte, ich sage euch, die allerletzte Sauerstoffbombe zu bauen, die ein für alle Mal Schluß machen wird mit …

Und päng, drückte ein Anarchist ab und trennte den Kopf des Präsidenten mit einem wohlgezielten Schuß von seinem Rumpf.

Allgemeine Gefühlsaufwallung.

Aber unbeugsam fuhr dieser in seiner Rede fort: man brauchte ja keinen Kopf dazu.

Gringo war es satt. Sie gingen zum Stand nebenan.

– Ich sage Ihnen, meine Herren Geschworenen, daß dieser Mann kraft der grundlegenden Bestimmungen des Gesetzes, deren Unkenntnis nicht vor Strafe schützt …

Der Staatsanwalt zupfte an seinem Kragen, es war sehr heiß.

– … Dieser Mann, sage ich, hat durch seine Beeinträchtigung der menschlichen Würde die Grundlagen der Gesellschaft selbst in Frage gestellt, die Sitten zerrüttet und …

– Was hat er getan? schrie eine Stimme in der Menge.

Der Staatsanwalt wurde rot wie der Feldhüter, der soeben mit seinem Spruchband und den Ballerinas zurückkehrte. Und wieder das kleine Ballett: „Ah, die Mokratie, die Mokratie, die Mokratie …". Pirouetten und Korkengeknall.

– Meine Herren, fuhr der Staatsanwalt fort, dieser Mann ohne Beruf, ohne Diplom, ohne Sozialversicherung und ohne Ziel im Leben … schließlich ist das Leben kein …

– Bravo, schrie der Metzgerbursche.

– Dieses heilige Leben, das uns unsere Väter geschenkt haben … ähm, um … nun, um die Tradition unserer Väter fortzuführen … ähm, die Tradition des monetären und geistigen Austauschs der Menschheit …

– Bravo! schrie der zufällig anwesende Kritiker des *Literarischen Barbiers.*

– Also, sage ich, dieser unnütze, ineffiziente und unschuldige Mann soll dies mit seinem Kopf büßen.

Das Mitglied der Guerillabewegung FGZ[1] packte eine Gummigranate und riß mit einem gutgezielten Wurf die Krawattennadel vom Hals des Staatsanwalts, der seine Krawatte, seinen Talar und sein Hemd fallen ließ.

Allgemeine Bestürzung.

Unerschütterlich setzte der Staatsanwalt seine Rede fort: dazu brauchte es kein Hemd.

– Er soll also geköpft werden. Voilà. Das ist eine Gewissensfrage, nicht wahr, ja, eine Frage des Gewissens, des tiefen Gewissens.

– Bravo, schrie der Abt, die Tiefe, da haben wir's.

Und auf einmal verschwand der Staatsanwalt in seinen Hosenbeinen.

Gringo hatte nun genug.

– Hör mal, Prinzessin, was tun wir hier eigentlich?

– Du bist sonderbar, Gringo, wenn du so weitermachst, wird man dir noch den Kopf abhauen. Oder man steckt dich in die Klapsmühle.

Sie gingen unter der dritten Säule des Giebeldreiecks hindurch. Es war dies der Stand der letzten Kirche, diejenige nach der Speak-Analyse und dem Hexagon, die wür-

---

[1] FGZ: Front des Globalen Zorns.

dige Nachfolgerin der Penta und, noch früher, der Tetra: die medizinische und obligatorische Heilskirche.

Der Mann im weißen Kittel war eben dabei, einen widerspenstigen Patienten zu isotopieren, während ein Biologe, der ein Käppchen trug, ein Molekül zerkleinerte. Aber da inzwischen jedermann vom Krebs befallen war, spielte das keine große Rolle: es war nur eine Frage der Zeit. Das Gesetz sah 63 Jahre und 3 Tage für den Durchschnittsbürger vor – mehr als genug, um mit seinem Auto viermal täglich den Weg zum Büro zu machen.

Gringo war es nun gründlich satt.

– He, Sie, schrie der Biologe, und zeigte mit drohendem Finger auf Gringo, was machen Sie da, ja, Sie dort, guter Mann, mit Ihrer geraden, vorwitzigen Nase!

– Donnerwetter …, sagte Gringo, indem er seinen klassisch-griechischen Fortsatz anfaßte.

– Die ist ja total veraltet, mehr noch, anachronistisch und gesetzeswidrig! Aber ich sage Ihnen, ich werde das mit einer gezielten kleinen chirurgischen Chromosomenzugabe schon wieder hinkriegen.

Gringo wich drei Schritte zurück. Fast hätte Rani ihr Eiscreme fallenlassen.

– … Ich mache Ihnen auf einen Schlag kleine langköpfige blonde Dolichozephalen. Die können nicht mehr ersticken.

Gringo fand seine Kaltblütigkeit wieder, obwohl sein Blut warm war.

– Aber ich will keine Kleinen! Und ich will keine Dolichozephalen und ich will nicht … – ich will da raus!

– Was da, junger Mann, wo denken Sie hin! Da hinaus? Aber das geht doch nicht, außer durch die Tür des elektrischen Krematoriums oder die Zerstörung des Planeten.

Bleiben wir also nur bei der Wissenschaft, auf die ist Verlaß!

– Gut, sagte Gringo, indem er Ranis Hand packte, für mich jedenfalls ist die Wissenschaft zu wissenschaftlich. Ich ziehe die Zerstörung der Gleichungen vor. Schauen wir uns doch mal den exotischen Teil an.

– Das meinst du wohl nicht im Ernst, sagte Rani, und schleckte wieder an ihrem Eiscreme.

– Sie Frevler, Sie Abrünniger! schrie der Biologe und drohte mit seinem Finger.

Gringo hob die Augen zum Himmel und stieß einen Stoßseufzer aus.

„FREIHEIT – GLEICHHEIT – RETTE-SICH-WER-KANN"

Zwar nicht himmlisch, aber immerhin ...

Sie gingen durch den Torbogen, während die Zimbeln den Takt für die Ballerinas schlugen: „Ah, die Mokratie, die Mokratie, die Mokratie ..." und der Kopf des zum Tode Verurteilten in einem unheimlichen Gelächter über den Boden rollte.

Nachdem sie auch noch am Stand der unterentwickelten, dann an dem der überentwickelten Länder und schließlich an dem der Desodorisierung des Atlantiks vorbeigekommen waren, wollten sich Gringo und Rani auf einer Grünanlage setzen. Es gab nur eine davon, eine ganz neue, mit Plastikgras und Hintergrundmusik und einigen dringlichen Durchsagen wie: „Stimmen Sie für Léon, den Kandidaten der unterdrückten Massen. Er wird Sie mit einem Strich Tampon-Jex[1], der gleich doppelt hält, aus aller Not befreien." Und da es von Leuten wimmelte – es

---

[1] *Tampon-Jex:* Marken-Putzkissen aus Stahlwolle.

134

war eine Welt mit vielen Leuten –, fanden Gringo und
Rani nur mit großer Mühe einen Sitzplatz auf einer Bank
zwischen zwei sich innig küssenden Liebespaaren. „Achtung, Achtung! brüllte der Feldhüter in sein Megaphon,
haben Sie Ihre Pille schon genommen? Die obligatorische,
pasteurisierte Pille – ab zwei müssen Sie in den Knast."
– Na gut, sagte Gringo, ich mache keine Babys.
– Du bist antisozial, seufzte Rani, das wird böse enden
mit dir.
– Weißt du, wie es mit dir ausgehen wird?
– Na, ja …
Sie legte einen Finger auf ihre Nasenspitze und schaute
um sich. Es war wirklich sehr eng.
– Dort drüben habe ich einen schicken Stand gesehen,
gehen wir mal hin.
Er war ganz rechts im exotischen Teil. Sie kamen am
Coca-Yoga-Stand, am Stand des Expresso-Ashrams, des
Neuen Transzendentalismus und der Rasanten Deszendenz vorbei, und gelangten schließlich zum Stand … der
Befreiung. Ah, das war nicht schlecht.
Mit erwartungsvoller Miene trat man dort ein.
Der Yogi saß unter einem Baum aus Pappe. Er war ganz
in weiß, wie es sich gehört. Er meditierte tief, nachdem er
sich einen Hörpropfen in jeden Hörgang gestopft hatte.
Es war sehr still, hinter dem Hörpropfen. Oben hing auch
ein Baldachinhimmel und darunter eine elektrische Lampenkette. Es war schön dunkel, man wartete auf die Stunde der Befreiung – was ein wenig lange dauerte, aber nun
… Gringo saß mit gekreuzten Beinen auf dem Boden, so
konnte man sich rascher befreien. Von draußen hörte
man noch gedämpft die Milchkaffee-Ballerinas der mittelentwickelten Delegation: „Ah, die Sakrotie, die Sakrotie,

die Sakrotie…" Man war hier nämlich endlich im Heiligen
Land. Alles war sehr feierlich und endgültig … als man
plötzlich eine Stimme hörte, die aus den Höhen kam:
– Na, sag mal, Marcel, der Generator ist ausgefallen.
– Das wär's dann, sagte Marcel, indem er die Arme
verwarf, die Erleuchtung ist fehlgeschlagen.
Allgemeine Konsternation.
Alle standen auf. Noch so ein Coup der Marxisten.
– Ich hab das satt, satt, satt! schrie Gringo. Verschwin-
den wir von hier.
– Aber Gringo, wo hinaus denn?
– Nun, zur Türe hinaus.
Er nahm Rani bei der Hand und begann, die Leute
wegzuschubsen. Da erschien der Feldhüter mit seiner
roten Nase und dem Klapphut des Präsidenten, der so
wunderbar dem Verderben entronnen war (nur der
Klapphut):
– He, he, schrie er, he, Sie da! Gerade noch erwischt,
Bürschchen, Sie wollen doch nicht hier hinaus, was? … Da
geht's nicht hinaus, Sie Flegel, auf keinen Fall, schließlich
sind alle so, verstanden?!
Und die Ballerinas hoben die Beine im Takt. Psilla trug
eine Kakadufeder im Haar und hatte ebenfalls eine rote
Nase: eins-zwei, eins-zwei, eins-zwei …
Zimbelschlagen und Saxophon.
– In 24 Minuten hat man alles gesehen, sagte Rani
gesetzten Tons. Das ist doch wohl fünf Francs wert, nicht?
– Und jetzt, wohin gehen wir?
– Nun, nirgends, wir sind da.
– Gut, sagte Gringo, ich werde mich beim Staatsanwalt
beschweren. Wenn nötig, gehe ich bis zum Präsidenten!

– Aber Gringo, wir sitze alle in der Patsche, auch der Präsident.

– Also, was tun? sagte Gringo entmutigt.

Sie setzten sich an den Straßenrand.

Der Feldhüter holte sie wieder ein: es war Vrittru mit einer roten Nase und einem zweifarbigen Gurt.

– He, ihr da! sagte er, und stemmte seine Hände in den Gürtel, ich muß euch melden, daß man den Generator wieder geflickt hat: die Autobusse, die Postämter, die Bahnsteigsperren und die Erleuchtung, alles funktioniert wieder!

– Na, gut, sagte Rani, wohin gehen wir also?

– Das … das ist nicht nötig, sagte Vrittru und zog seine falsche Nase ab. Hauptsache, es funktioniert … Ihr könnt den Bus nehmen und morgen wieder zurückkommen: es ist immer offen.

– Gut, sagte Rani, nehmen wir also den Bus.

– Um wohin zu gehen? fragte Gringo.

– Ah, sagte Vrittru, und verwarf die Arme, es ist überall gleich, da kommt man nicht hinaus, was will man machen?

Und er setzte sich die falsche Nase wieder auf.

XXVIII

Die Hosenmenschen

Es blieb einem nur übrig zu warten – auf was? Man wußte es nicht. Gringos Augen suchten unbestimmt einen Bus, der irgendwohin fuhr.

– Und wenn wir ein Flugticket nach Honolulu lösen würden? sagte Rani.

– Und dort, welchen Bus nehmen wir?

Rani war völlig perplex, was selten bei ihr vorkam.

„Wenn ich wenigstens eine falsche Nase hätte, dachte Gringo, vielleicht könnte ich mich dann daran gewöhnen?"

– Sag mal, Prinzessin, könnten wir nicht einen Stand der echten Nasen aufmachen?

– Was?

Er verzichtete auf eine Erklärung. Übrigens würde man ihn sofort isotopieren und in der exotischen Kartei registrieren. Das war sehr bequem: jeder trug sein Etikett auf dem Rücken, da konnte man sich nicht mehr täuschen.

– Das nächste Mal, sagte Gringo, werde ich in der Haut eines Känguruhs wieder geboren.

– Was?

Sie versuchte, sich Gringo mit einem langen Schwanz vorzustellen.

– Aber das ist eine ausgestorbene Rasse, Gringo, du liegst völlig falsch! Jetzt gibt es nur noch Menschen.

Dann dachte er, daß die Känguruhs wohl auch schon registriert waren – nichts zu machen, man war von allen Seiten eingekreist. Eine falsche Nase war vielleicht die bessere Art zu atmen.

– Sie haben für alles eine Erklärung, sagte Gringo, einfach hoffnungslos.

– Dann geh und hol mir ein Eiscreme und laß uns warten.

Sie warteten.

Eine Stunde, ein Jahr, ein Jahrhundert, wer weiß das schon. Von Zeit zu Zeit fanden Staatsstreiche statt, aber es blieb sich alles gleich, man begann einfach mit einem neuen Klapphut.

– Ich hab' die Nase voll, sagte Gringo.

– Also hol mir ein Eiscreme, sagte Rani, es ist heiß.

Und sie warteten weiter am Straßenrand.

Eine unaufhörliche Flut von Hosen zog vorbei, Hosen und nochmals Hosen – einen Tag, eine Stunde, ein Jahrhundert lang: die Hosenmenschen gingen vorüber. Gringo hatte seinen Kopf in die Hände gestützt, und seine Ellbogen ruhten auf den Knien: er wandte den Blick nicht ab von diesen endlosen Hosen. Von Zeit zu Zeit schoß ein Verrückter in die Menge, aber das spielte keine Rolle, man machte einfach mit einer anderen Hose weiter.

Da begann Gringo unruhig zu werden.

– Die Zeit wird lang, sagte er.

– Was nützt das, die Zeit? fragte Rani.

– Nun, die ist zum Messen da.

– Um was zu messen?

– Ich weiß nicht, vielleicht Hosen?

– Dann ist sie zu nichts nütze.

Und sie stützte die Ellbogen auf die Knie.

– Vielleicht sind wir nahe am Ende der Zeit? fügte sie nachdenklich hinzu.

– Nein, solange es Hosen und Augen gibt, die den Hosen zuschauen, muß man sie wohl oder übel messen.

– Also ziehen wir doch unsere Hosen aus und schließen die Augen, sagte Rani.

Gringo zögerte noch immer; graue Kolonnen von Hosen verloren sich am Horizont. Man hörte das Saxophon und die Zimbeln und hin und wieder eine energische Posaune. „Was nützt das, die Musik? dachte Gringo. Es wurde etwas unausstehlich.

– Aber warum machen die denn weiter? rief Rani aus.

Plötzlich beugte sich eine Hose über ihn.

– Wie spät ist es bitte, mein Herr?

Gringo schaute nach rechts und schaute nach links, Kolonnen und nochmals Kolonnen unter dem schrillen Gejaule des Saxophons. Er schüttelte seinen Kopf zwischen den Händen:

– Meine Uhr ist stehengeblieben.

– Oh, dann werde ich zu spät kommen, sagte der Mann.

Und er nahm seinen Platz in den Hosenkolonnen wieder ein.

Gringo schaute nochmals. Und auf einmal hätte er weinen mögen – einfach so. Es war fast unausstehlich, ohne daß man wußte warum. Ein gähnendes schmerzendes Loch. „Vielleicht ist meine echte Nase daran schuld,“ dachte er … „Vielleicht setzen sie sich alle deswegen eine falsche Nase auf. Um ihren Kummer zu verbergen.“ Gringo stand auf und packte einen Hosenmenschen am Ärmel:

– Wie spät ist es, mein Herr?

– 17 Uhr, 22 Minuten und 34 Sekunden.

– Ah, dachte ich mir doch, vielen Dank.

Er schüttelte den Kopf und schaute noch einmal vage in Richtung Horizont: „Fünfunddreißig Sekunden, sechsunddreißig Sekunden, siebenunddreißig Sekunden ..." Er begann sich zu fragen, warum es nicht auch andersherum gehen konnte: „Sechsunddreißig Sekunden, fünfunddreißig Sekunden, vierunddreißig Sekunden ..." und dann bei Null wäre alles vorbei. Aber nein, es nahm immer nur zu: „Neununddreißig Sekunden, vierzig Sekunden, einundvierzig Sekunden ..." und das für immer und ewig, ganze Äonen dieser Hosenzeit: „Neunundvierzig Sekunden, fünfzig Sekunden ..." Gringo blickte nach rechts, blickte nach links, blickte geradeaus ... Man sah keinen einzigen Vogel, nur Hosen und Hosen nach dem Diktat der Sekunden, die vorüberzogen, auf was zu? Auf einmal wurde es erstickend – was erstickte, war nicht auszumachen. Es war wohl die Erstickung, die erstickte. „Einundfünfzig Sekunden, zweiundfünzig Sekunden ..." Die Stunde näherte sich – welche Stunde? Man wußte es nicht. Die Stunde von was? Es gab keine Zeit, keine Stunde, keinen Ort, nichts, nie, nie, nie, man kam auf die Sekunde genau nirgends an – die Zeit war tot! Die Geographie war tot, die Busse waren tot. Und man saß da, auf dem Bürgersteig, ohne Ende ... ach!

Gringo stieß ein schwaches „Ach" aus – wie ein erstickter Schrei.

In seinem Kopf war ein weißes Flimmern.

„Mâ," sagte er, einfach so, wie man vor dem Untertauchen „blubb" macht.

Und da war sie – und lächelte.

Gringo blinzelte.

Gringo

– Wie spät ist es? fragte er.
– Die Stunde ist da, sagte Mâ.
– Ach! sagte Gringo.
– Öffne deine Augen und sieh!

XXIX

Klick-Klack

Er öffnete die Augen und schaute.

Es war alles gleich: Kolonnen und nochmals Kolonnen.

Mâ stand aufrecht neben ihm, sie war sehr groß und schien die ganze Menge zu überragen. Aber niemand sah sie. Sie war in weißes Licht gehüllt.

– Ich sehe nichts, sagte Gringo, es geht weiter.

– Aber nein, Kleiner, du schaust noch, wie du es gewohnt bist.

– Ach so?

Gringo schaute nochmals, indem er sich fast den Hals verrenkte. Der Strom floß weiter. Da fand er sich plötzlich im Kopf eines Hosenmenschen wieder: es machte Klick-Klack, Klick-Klack … Dann schlüpfte er in den Kopf eines anderen Hosenmenschen: es machte Klick-Klick-Klack, Klick-Klick-Klack … Er begann wie ein Affe auf den Bäumen von Kopf zu Kopf zu springen: Klack-Klick, Klack-Klick, Klick-Klick-Klack; Klack-Klick, Klack-Klick, Klick-Klick-Klack … Das Bild einer riesigen leeren Bahnhofshalle erschien ihm, mit einer Uhr, die in einem hohlen Schweigen tickte, immer lauter und lauter: Klick-Klack, Klick-Klack, Klick-Klick-Klack. Und dann von Zeit zu Zeit ein Lautsprecher und eine schleppende, hohle Stimme ohne jegliches Timbre: 17 Uhr, zweiundvierzig Minuten,

dreißig Sekunden; 17 Uhr, zweiundvierzig Minuten, ein-
unddreißig Sekunden … Klick-Klack, Klick-Klack, Klick-
Klick-Klack … Und da liefen sie und liefen sie, bis zum
Horizont, bis ins chinesische Turkestan und zum
Kamtschatka, ohne große sprachliche Unterschiede:
Klock-Klock, Klück-Klück-Klock, Klock-Klock, Klück-
Klück-Klock … Und ganz selten, in einem versteckten
Winkel des Kopfs in einem verlorenen Land der Ton eines
Versagers, da machte es Ssiii-Ssiii-Sßt … wie ein Vogel, dem
man, zack! den Hals abschneidet. Das mußte eine ver-
krachte Existenz sein oder vielleicht auch ein Konstrukti-
onsfehler, Ssiii-Ssiii-Ssst-Ssst-Zack … oder jemand, der die
Morgenzeitung nicht ausgiebig genug studiert hatte. Und
Gringo hangelte (sich) von Ast zu Ast. Zuweilen tanzte
eine ganze Kolonne aus der Reihe: Krack-Krack-Krock-
Krick. Das war wohl ein Regierungswechsel oder eine
militärische Säuberungsaktion, vielleicht auch eine Religi-
onskrise. Aber man kehrte sehr rasch zur alten Ordnung
zurück: Klack-Klick, Klick-Klick-Klack … Alles in allem war
es nicht sehr ergötzlich. Gringo nahm wieder in seinem
eigenen Kopf Platz. Er klopfte ein wenig darauf, um zu
sehen, ob es Klick machte, aber die Uhr hatte zu ticken
aufgehört: ein verlorener Mensch.

Mâ musterte ihn mit spöttischer Miene.

– Nun, das ist nicht eben lustig, sagte Gringo. Wie lange
dauert das noch?

– Weiß nicht, sagte Mâ … Solange sie wollen.

– Na dann, sagte Rani, immer praktisch, könntest du
uns unterdessen nicht ein Glas Bier und zwei Eiscreme
besorgen?

– Hör mal, Rani, du bist gar nicht komisch.

– Mâ hat gesagt: „Solange sie wollen", also ... Außer es gibt eine allgemeine Entgleisung ... Unterdessen können wir uns Proviant besorgen – bring doch gleich noch ein paar belegte Brote mit.

Das war zuviel für Gringo, all dies war überhaupt nicht lustig.

– Aber Mâ, rief er aus, wird sich das nicht endlich ändern?!

– Es geht da um eine heikle Operation, sagte sie. Aber man kann es versuchen – oh, ich versuche es schon seit langem ... Aber wie du siehst, es tönt Klock-Klück, Klick-Klick-Klock, auf japanisch, hindi, nach Art der Marxisten, der Ashrams, der Universitäten und, und ... eben die ganze Liste.

– Ja, das habe ich gesehen, oder vielmehr gehört. Kannst du die Uhr nicht anhalten? Der Moment Null der Welt, das wäre doch was! Ich für meinen Teil habe es gründlich satt.

– Und sie, haben *sie* es satt?

– Vielleicht wissen sie gar nicht, daß es auch anders sein kann? Sie wollen nur die Uhr verbessern. Eine Zeit ohne Uhr können sie sich gar nicht vorstellen ... Ich übrigens auch nicht, aber ich habe jedenfalls genug davon.

– Alle müßten es „satt" haben, wie du sagst. Sie müßten nach etwas anderem rufen. Kann man es ihnen zum Trotz tun?

– Hör mal, sagte Gringo gereizt, zu Beginn dieser ganzen verfluchten Geschichte hat auch niemand darum gebeten, aus den DNS-Molekülen zu entstehen. Wie wär's mit einer kleinen Veränderung des DNS-Strangs?

– Nein, mein Kleiner, keine Veränderung der Moleküle: sie würden nur weitere Uhren machen wollen mit anderen Molekülen. Nein, es ist einfacher, als du denkst.

– Aber großer Gott, rief Gringo aus, dessen Geduld nicht übermäßig groß war, mit oder ohne Moleküle muß man diese bescheuerte Uhr anhalten. Du schickst eine kleine weiße Welle, und sie bleibt stehen.

– Du wirst sie ganz schön verwirren. Stell dir den kleinen Marxisten vor, der seinen Katechismus nicht mehr weiß, den kleinen Ashramiten, der seine Heilslehre vergessen hat, den Busfahrer, den Zahnchirurgen, die ihre Richtschnur verloren haben – niemand kennt mehr seinen Katechismus: die Klapphüte fallen und auch die falschen Nasen, die Turbane und die Bischofshüte, die Gandhi-Mützen, die Fliegermützen, die Richtermützen, alle die Mützen …

– Hui, rief Rani aus, das wäre aber lustig!

– Du hättest keine belegten Brote und kein Eiscreme mehr, unterbrach sie Gringo.

– Hör mal, Kleiner …

Mâ wandte sich wieder Gringo zu: ihre diamantenen Augen funkelten wie ein Stern in der Nacht.

– Ich bin nicht hier, um irrationale Wunder zu wirken …

– Ich pfeife auf die Ratio, sie ist Teil ihres Katechismus. Man muß die Uhr anhalten, Mâ! Es ist dringend.

– Kannst du mir 172 Menschen zeigen – so viele, wie es Länder gibt – die WIRKLICH WOLLEN, daß die Uhr stehenbleibt?

– Ich habe hie und da einige leise Ssst-Sßt gehört. Du selbst hast mir ja gesagt, die Stunde sei gekommen: es sei „dieses Mal".

Dann hielt Gringo inne, die Worte blieben ihm im Halse stecken. Wieder sah er jenen Hof unter weißen Scheinwerferkegeln, hier diese Erschossenen, dort jene Erhängten, diese unzähligen Gefängnisse in allen Katechismen der Welt, dieses ungeheure hygienische und mathematische Gefängnis mit Eiscreme und Saxophon, diese ewiggrauen Kolonnen, die sich an die Eroberung eines Himmels ohne Vögel machten, mit einigen Raumhelmen und Kapseln, um auf andere Planeten umzusteigen und ihre Uhren unter fremden Ionosphären ticken zu lassen: Klick-Klack, Klick-Klick-Klack, auf der Venus und dem Neptun und dem Sternbild des erloschenen Schwans. Da entfuhr Gringo ein Schrei:

– Mâ! Das ist nicht möglich, das ist einfach nicht möglich!...

Und es war, als schreie die ganze Erde in einem einzigen kleinen Menschenherzen, oh, wie nichtig das alles war!

Mâ lächelte und strich Gringo durchs Haar.

– Auf so einen Schrei habe ich gewartet, Kleiner – ein einziger wahrer Schrei, um die Magie zunichte zu machen, die sie erfunden haben. Denn ich will keine Wunder wirken: ich nehme nur das weg, was sie hinzugefügt haben.

Dann ließ sie ihren Blick über die Menge schweifen.

– Ich zeige dir jetzt die Nicht-Magie, die Welt ohne ihre Magie, so wie sie ist.

Und sie nahm Gringo und Rani bei der Hand.

XXX

Es war einmal …

Sie gingen in den Park. Dort gab es noch echte Kastanienbäume. Kinder spielten auf einem gelblichen Sandhaufen wie auf einer Insel. Sie zankten sich: „Aber ich sage dir, das gehört mir, hast du gehört!…" Und überall Menschen, ganze Menschenmassen. Studenten auf Bänken lernten die Geheimnisse der euklidischen Geometrie oder die Geheimnisse des Leberglykogens, eben all die Geheimnisse, um in der Kolonne mitzumarschieren.

– Aber nein! Ich sage dir, es heißt Klonk-Klonk und nicht Klück-Klück. Der Beweis ist …

Gringo lief inmitten dieses Treibens, er suchte einen Vogel in den Kastanienbäumen. Er drückte diese Hand in der seinen. Mâ sah ihn aus den Augenwinkeln an.

– Als erstes mach nicht so ein schrecklich ernstes Gesicht, das ist die zäheste Magie.

Gringo zog die Nase kraus, versuchte ein Lächeln mit der linken, dann mit der rechten Backe. Es geriet nicht so recht. Rani hüpfte neben ihm, als ob nichts wäre.

– Worüber lächeln? Es ist kein Spaß.

– Aber mein Kleiner, wenn ich dich jetzt augenblicklich nach Amazonien versetzte mit den schönen Bäumen und den Vögeln … und den Moskitos, würdest du drei Minuten lächeln und dann … wäre es kein „Spaß" mehr, wie du sagst, deine Frage würde dich weiterhin verfolgen: du würdest nicht anders durch den Wald gehen als durch die Metrotür oder das Gatter des Parks. Sag, *wer* ist es, der hier geht, und *wer* dort?

– Ich bin es leid, ein Mensch zu sein.

– Aber du bist noch kein Mensch. Du bist ein gelehrter Pinselaffe.

– Oh, das ist nicht schlecht! sagte Rani, die von der Evolution der Arten nichts verstand.

– Du kennst nur alle die kleinen Klick-Klick-Klocks, die man dir in den Schädel und die Chromosomen gestopft hat: du siehst nichts, weder in Borneo noch hier, du siehst nur einen Spiegel deines Klick-Klick-Klocks. Aber das ist die alte Magie. Nur von Zeit zu Zeit, wenn dir deine Frage ein wenig zu sehr unter den Nägeln brennt, öffnet sich der Vorhang und du dringst hindurch. Und dort stößt du einen kleinen Schrei aus.

– Ja, aber alles verliert sich in einem Weiß. Ich möchte mit weit geöffneten Augen nach drüben gehen.

– Aber du kannst nicht mit deinen falschen Augen nach drüben gehen, kleiner Dummkopf! Wenn der Dummkopf mit den Augen des Dummkopfs hindurchdringt, wird er nur Dummes sehen. Logisch, nicht wahr?

– Oh, weißt du, ich halte nicht viel von „Visionen" ... ich fühle mich überhaupt nicht wie die Heilige Theresa, in keinem Winkel meiner Chromosomen.

– Aber es geht nicht um eine „Vision", mein Kind! Man sieht nicht etwas anderes, als das, was schon ist: DIE Vision ist, das zu sehen, was wirklich da ist, ohne die kleinen Klick-Klocks einer erfundenen Geometrie und Physiologie.

– Aber die Physiologie ist nicht erfunden! Man steckt darin.

– Genau: du steckst darin, ihr steckt *in* der Erfindung.

– Führe mich aus der Erfindung!

Rani, einen Finger an der Nase, sah den beiden zu.

– Mâ, erzähl uns eine schöne Geschichte, sagte sie. Gringo ist ein wenig ...

Mâ lächelte, sie führte Gringo und Rani in eine Allee des Parks, und sie setzten sich alle unter einen Kastanienbaum. Sie ließ die Hände in den Falten ihres weißen Gewandes ruhen und schloß die Augen.

– Es war einmal eine wunderschöne Möwe ...

Gringo hob den Blick, und plötzlich spürte er etwas sehr Vertrautes, wie einen Windhauch um seine Ohren und den frischen Geruch von Seegras. Er lächelte.

– ... Sie baute ihr Nest hoch oben in den Felsklippen des großen Fjords, und sie liebte nichts so sehr, wie in den Wind zu tauchen, um plötzlich mit einem Schrei des Entzückens ihre Flügel zu öffnen und oder einfach im sanften Wind dahinzuschweben und dann wie ein Blitz in die grünen Wasser zu stechen, in dem die Heringe glitzerten und schimmerten. Es war so frisch und köstlich, das Wasser und den Wind auf den glatten Federn zu spüren und zu schwimmen oder zu fliegen und dabei das Azurblau des Himmels oder Myriaden kleiner Salzperlen zu umarmen. Und manchmal blieb sie ruhig stehen, mit einem Fuß im weißen Sand, und lauschte dem endlosen nackten Plätschern des Fjords, wie ein Strom von murmelndem Licht, der anschwillt und eine kleine Woge raschelnder Muscheln hinterläßt. Diese Möwe war wohl eine Vorfahrin Gringos, denn sie fing an, den Fjord zu „betrachten“, anstatt in seine Wasser zu tauchen und das frische Blau des Himmels zu trinken, das nach Lavendel und Gischt duftete. Sie war nicht mehr das Himmelsblau, sie war nicht mehr die grüne Bucht noch das leichte zwischen den schroffen Felsen treibende Seegras. Ein unsichtbares Netz hatte sich über ihre Flügel gelegt … Dies war die erste Geometrie der Welt und ihr erster Schrei eines im Netz gefangenen Vogels: Der Gringo-Vogel, der Ich-Vogel aber nimmer mehr der Vogel-Vogel noch die Möwe, die sich mit einem Flügelschlag in die Welle stürzt.

– Das wundert mich nicht von dir, bemerkte Rani ruhig. Sieh mal einer an …

– Von Blick zu Blick, von einem überraschten schwachen Schrei zum nächsten, fand sich die hübsche Möwe in einem zweiten Netz und einem dritten Netz gefangen, in einer Menge blauer und rosa Netze, die farbig schimmerten und ihre eigenen Algen und Möwen hervorbrachten. Dann war es eines Tages ganz schwarz von Netzen, eines über das andere geschichtet, und sie konnte sich nicht mehr rühren: sie war in einer kleinen Lache von erloschenem Licht gefangen und drehte sich auf ein oder zwei Füßen im Netz im Kreise. Es war ein Gringo, der in der Physik der Welt schon sehr bewandert war: er kannte alle Gestirne, die sich durch die Maschen hindurch abzeichneten, er kannte die Himmelsrichtungen, um den direkten Flug und das fließende Strömen in den großen Passatwinden zu ersetzen. Und zu guter Letzt legte sich ein großes Netz über die Weltenkugel, und die Erde war wie ein Storch auf dem Dach auf ihrer Bahn festgenagelt. Und dann stieß man auf Newtons Gesetz, das Gesetz der Bauchspeicheldrüse und alle die kleinen Gesetze, um das Gesetz ihres Netzes zu verewigen.

Gringo

– Das ist eine traurige Geschichte, sagte Rani.

– Es ist nur der Anfang der Geschichte. Jetzt sieh – das Netz wurde gerade deshalb erfunden, damit „jemand" schaut ... Am Ende der Geschichte begannen eines Tages ein kleiner Gringo, zwei kleine Gringos, einige verlorene Gringos hier und da, sich an den schönen Fjord im Morgendunst und an den Schrei einer Möwe dort drüben zu erinnern, der hinter den endlosen Netzen widerhallte wie eine Lichtschneise in einem geflügelten Raum. Sie rissen ein erstes Loch in die Maschen, und es war blendend und weiß, weil ihre Höhlenaugen die silberne Welle auf den windumwehten Felsriffs nicht mehr kannten und ihre beiden Arme sich nicht mehr an die Freude erinnerten, eine ganze Welt in einem entzücktem Aufschrei zu umarmen. Auch wollten all die klugen Enten sie unbedingt weiter in der Obhut ihres vernünftigen Netzes behalten – aber das war nur die Vernunft der Enten oder von irgend etwas auf zwei Beinen, das mit einer Hose und seiner Geometrie daherlief.

– Und jetzt ist die Stunde gekommen! rief Rani.

– Ja, die Stunde ist da, schau!

Da sperrten sie ihre Augen weit auf, und sie sahen das schönste Märchen der Welt. Nur waren es keine Feen, die sie erblickten, sondern kleine, ganz natürliche Gringos und Ranis ... kleine Menschen auf zwei Beinen, die ihre leichte Erinnerung und eine von ihren Ketten befreite Erdkugel wiederfanden.

XXXI

Die aus den Fugen geratene Weltkugel

Sie nahm die kleine blaubraune Kugel in die Hände samt ihren Inseln und Kontinenten, die wie Delphine aus dem Wasser sprangen, und auch einigen schneeweißen Wolkenfetzen – wie Cremehörnchen für die lieblichen Delphine. Das paßte gerade auf ihren Schoß.

– Bedenke, daß es viele solche kleine Kugeln gibt, sagte sie zu Rani, die ihre Zunge hinausstreckte, vielleicht wegen der Hörnchen, aber wir werden es mit dieser versuchen, es ist eine sehr hübsche Kugel. Wenn es nicht geht, dann probieren wir es halt anderswo.

Vorsichtig nahm sie den Greenwich-Meridian zwischen Daumen und Zeigefinger und zog ein wenig daran und ratsch! zerriß er wie ein Gummiband. Alle Uhren wurden von einem Schwindel ergriffen.

– Siehst du, es gibt viele davon, einen ganzen Knäuel. Und schau mal, wie sie das alles verschnürt haben …

Beiläufig schnappte sie sich einige Breitengrade, und ratsch! sprang der Polarkreis aus seiner Bahn. Die Bering-Straße wurde von einem Schauer ergriffen, und der Nordpol wußte nicht mehr recht, wo es nach Norden ging. Dann, mit einem kurzen Schlag, ließ sie den Äquator aus seiner Bahn springen.

– Gott sei Dank! sagte Rani und rieb sich ihren Bauch. Das hatte schon allzulange gedrückt.

– Siehst du, sagte Mâ, jetzt ist ihr Netz ganz durchlöchert.

Gringo verfolgte all dies mit großer Verwunderung.

Dann hörte man eine widerhallende Stimme:

– He, Marcel, der Generator hat eine Panne. Es ist eine weltweite Panne.

– Donnerwetter! sagte Marcel.

– Donnerwetter! sagte Gringo.

Worauf er die Augen weit aufriß und zum Zeugen des unglaublichsten Schauspiels wurde, das die Menschen jemals zu Gesicht bekommen hatten, als hätten sie ganze drei Milliarden Jahre nur auf diesen einen Moment gewartet: die Urtiere begannen in ihren Löchern zu zappeln. Und dann war es die ganze Erde, die zappelte und plötzlich im Banne einer seltsamen Empfindung war.

Zuerst spürte Gringo ein eigenartiges Aufwallen in seinem Körper ... unzählige winzig kleine Lufthauche zogen durch dieses dichte Geflecht von Äderchen, Nervenverästelungen und Zellkernen: es wurde auf einmal leicht und luftig, Stauungen lösten sich, und plötzlich hatte man den Eindruck, daß ein ungeheurer, völlig verhedderter Knäuel aufging, überall platzte, seine winzigen Fäden fahren ließ und die Knoten freigab. Schwallweise, von überallher, rieselten zahllose mikroskopisch kleine Strömungen wie kleine Rinnsale von Lichtbläschen durch den ganzen Körper – man atmete, wurde weit, der ganze Körper dehnte sich in einer durchlässigen Freude, als hätte er seit Jahrtausenden nicht mehr geatmet, als hätte er noch nie richtig geatmet, und dann plötzlich, oh! eine Schale perlend-leichten, leuchtenden Sauerstoffs, der überallhin sprudelte und perlte, sich überall verbreitete: der Körper begann seine Hauthülle zu sprengen und sich in eine Vielzahl von kleinen Silberbächlein zu ergießen, die flossen, flossen, alles berührten, alles kosteten, in Entzücken aufgingen und kaskadenartig durch lichtvolle Wiesen strömten. Und dann begannen die Augen sehr seltsam zu werden: sie wurden aus der Gefangenschaft ihrer schwarzen Höhlen erlöst und zerstäubt, breiteten sich nach allen Seiten aus, entflammten in allen Poren und Winkeln am Ende eines jeden kleinen Silberbächleins: Myriaden von blitzsprühenden Augen, die alles berührten, fühlten, sahen, als ob Sehen gleich Trinken wäre, wie ein Versinken in das große Pochen der Welt; es war kein „Sehen" mehr, es gab kein „Draußen" mehr, man war mitten drin wie zahllose kleine Silbermöwen, die in zahllose kleine Wogen tauchten und als *ein* Körper das unendliche weiße Funkeln des Meeres kosteten. Ein aufgebrochener, weiter, einfacher Blick im Herzen von allem. Ein befreiter Körper, von Salz und dem großen Wind durchströmt. Und eine unaufhörliche kristalline, fast musikalische Atmung, wie eine mit Tang und Gischt versetzte Dünung, die sich in einer anderen Dünung verlor, um schließlich an blaue Küsten zu branden. Dies war die große Atmung der Welt wie ein Wehen von Freude in allen Meeren und Hügeln und jeder kleinen murmelnden Welle gleich einem Knistern sich zerstreuender Sternenhaufen.

Gringo blinzelte, als ob er gleich über Bord kippen und in die Weltkugel selbst tauchen würde, mit den grünen Delphinen und den Walen als seinen Begleitern. Rani hielt sich an den Falten von Mâ's Gewand fest:

– Aber schau mal, Gringo, was haben sie alle bloß?

XXXII

Die Welt so wie sie ist

Es war sehr merkwürdig.

Diese hermetisch abgeschlossenen Hauthüllen, wo jeder in seiner persönlichen Ecke eines bequemen Dahinplätscherns lebte, ausgerüstet mit Telephon, Stimmbändern und dem Guide Michelin, um durch die Wände hindurch mit anderen Wänden zu kommunizieren, die mit weiteren Telephonen und einigen an die Türe gemalten Lächeln kommunizierten, all dies war nun völlig durchlöchert wie ein Sieb – aber niemals hatte je ein Wirbelsturm eine solche Katastrophe angerichtet, denn eingestürzte Wände lassen sich wieder aufbauen, aber wie konnte man ein plattgedrücktes Nichts wieder aufrichten? All die Larousse-Wörterbücher plattgedrückt, die Guides Michelin plattgedrückt, genauso wie der ruhige Kreislauf der DNS-Moleküle vom Vater zum Sohne. Das ganze Programm zusammengebrochen. Was würde da DAN0622 MOL3029 noch zu sagen haben? Hallo, hallo!… Wie bitte? Die Wände waren scheinbar intakt, alles war intakt, aber inwendig war nur noch Wind, und was für ein Wind!

Ein ungeheurer lautloser Wind.

Auf einen Schlag öffneten sich sechs Milliarden Münder.

Der Student auf seiner Bank ließ sein Lehrbuch der Naturwissenschaften fallen. Er war der erste, der von der weißen Flut berührt wurde.
– Sag mal, Alexander ...
– Was? sagte Alexander.
– Eh ... was? sagte Léon.
– Aber was denn was? sagte Alexander.
Und was-was-was, und was-was-was?
– Das ist nicht mehr normal, sagte Léon schließlich. Und die Studenten aller Nationalitäten ließen ihre Schmöker auf Millionen und Abermillionen Bänken fallen. Ein phantastisches schlagartiges Schuleschwänzen. Mitten in der Geographielektion strömte der Atlantik auf das Felsriff, als ob man selbst dort wäre, und die kleinen Eisbären glitten ganz natürlich über das Packeis. Man konnte von nichts sprechen, ohne daß es augenblicklich da war, oder ohne selbst dort zu sein. Es war die lebendig gewordene Geographie. Die anwesende Wahrheit. Und was nicht da war, existierte gar nicht. Und im Schulzimmer nebenan fiel dem Matheprofessor die Kreide mitten im Zeichnen der Asymptote aus der Hand, es war nichts mehr da als bloßer Wind.
– Was soll das bedeuten? sagte er.
Er nahm seinen Hut und verließ das Klassenzimmer: er hatte alles vergessen.
„Was soll das bedeuten?" sagte der Chemieprofessor, und „Was soll das bedeuten?" staunte der Physikprofessor, als sich seine Atome in den Galaxien verloren und seine Galaxien in die schwarzen Löcher versanken, die der große weiße Korridor aller Zeiten waren: „Was soll das bedeuten? ..." Allüberall hieß es: „Was soll das bedeuten?"
Der Präsident der Republik hängte seinen Klappzylinder

an den Kleiderhaken und wandte sich an den Kreis der
Minister, um ... ja wozu denn? Er setzte sich seinen Hut
wieder auf und ergriff das Weite. Der Sekretär des Bür-
germeisters ließ seinen Federhalter fallen, der Abt stieg
mitten im Vaterunser in großen Sprüngen von der Kanzel
herunter, dem Friseur fiel der Kamm in vollem Schwung
aus den Händen vor einer blonden Frisur, die sich im
Spiegel bewunderte, und plötzlich sah er verblüfft einen
kleinen Pudel aus seinem Sessel springen. „Aber was soll
das bedeuten?"
Die grauen Kolonnen blieben stehen.
Sie schauten sich an.
Ein weltweites Blackout.
– Großer Gott, was ist das? rief Alexander aus.
Er suchte in den Taschen, langte sich an den Kopf. Es
blieb nichts mehr. Und auf einmal erinnerte er sich an
einen Fleck in Island: ein Bergsee und ein Kind, das mit
seiner Hand auf der Wange schaute und staunte. Das war
alles, was blieb. Er war dort. Es blieb nichts mehr, als was
jeder in seinem Herzen trug.
Es blieb nichts mehr als das, was existierte.
Was nicht existierte, existierte nicht mehr.
Und die elektrische Lampenkette fiel auf den Kopf des
Yogis, der sechsunddreißig Sternlein sah.
Ein wahrhaft erstaunliches Schauspiel zeigte sich nun
vor den Augen Gringos und Ranis und des kleinen Studenten, der seinen Zipfel des Sees an einem Faden hielt: da
gab es jene, die keinen Winkel hatten, keinen einzigen
Zufluchtsort, keinen nennenswerten Teil in sich außer
einem Haufen drückender Probleme und ganzen Biblio-
theken – und plumps! verschwanden sie alle in ihren
Hosenbeinen: niemand mehr da. Nur mehr ein Haufen

Hosen auf dem Boulevard. Abertausende von leeren Hosen.

Es herrschte Panik.

Und dann, plötzlich eine fabelhafte Tierschau. Aus den herumliegenden Hosen begannen Ratten und kleine Kaninchen zu kriechen – eine Unmenge Ratten. Stachelschweine, Bulldoggen, kleine Schoßhündchen, verstörte Hühner, die gackernd über den Boulevard rannten, und viele Schlangen, Schlangen von allen Farben, wirklich erstaunlich. Und Affen, oh, eine Menge verschiedener Affen, und plötzlich Papageien wie in einem riesigen Vogelkäfig – jeder wurde zu dem, was er war. Sämtliche ausgestorbenen Gattungen wurden wieder zum Leben erweckt und rannten auf zwei oder vier Beinen umher.

Es war die Welt, so wie sie ist.

Und einige aufrechte Menschen machten Ssiii, Ssiii, Ssst, wühlten in ihren Taschen und zogen aus dem Grunde ihres Herzens einen vergessenen alten Papierdrachen hervor.

Die Bevölkerungsexplosion war mit einem Schlag geregelt.

Niemand starb: jeder einzelne kehrte heim zu sich, in seine angestammte Hülle als Kanarienvogel oder als Bukkelrind, vollkommen zufrieden, das zu sein, was er (oder sie) war.

Was den Rest betrifft, waren es einfach vergessene Hosen.

Die Ratten kehrten in ihre Kloaken zurück.

Jeder hielt wieder Einzug in seiner wahren Haut.

Die anderen gingen lauthals singend davon, während die Zöllner diese merkwürdigen Grenzzäune inmitten der Felder anschauten und sich fragten: „Aber was soll das bedeuten?" Und der große Imam schnitt sich seinen Bart ab.

Rani tanzte an Ort und Stelle.

Gringo lächelte.

Und da trat Vrittru aus der „Reise um die Welt in vierundzwanzig Minuten"; er schaute nach rechts, schaute nach links, zog mit Daumen und Zeigefinger an seiner falschen Nase und begann zu lachen, wie er noch nie in seinem Leben gelacht hatte. Und ohne Übergang verschwand er in der Haut eines Truthahns, bewegte stolz seine rote Halskrause und watschelte davon. Es gab nichts mehr zu bewachen, alle hatten das Gefängnis verlassen.

– Gehen wir heim, sagte Rani.

Alle gingen heim.

Die Uhren waren stehengeblieben.

Die Menschen schauten, welchen Traum sie leben wollten.

Denn die Träume, das war alles, was blieb.

Und jeder war sein eigener Traum, ob rot oder schwarz, ob Elefant oder Klatschmohn.

Dies war der Beginn der Zeit-der-Wahrheit, wo keiner das sein konnte, was er nicht war.

Und die Gefängnisse öffneten sich in einem Auffliegen weißer Tauben.

Mâ lächelte.

– Warte, das ist noch nicht alles.

Und sie verschwand.

Ein Student setzte sich an den Straßenrand, inmitten der vergessenen Hosen, und begann auf seiner Flöte zu spielen.

XXXIII

Der Stamm

Er nahm Ranis Hand. Sie waren zusammen schon durch
so viele Zeiten und Länder gereist, vielleicht auch auf
anderen Weltenkugeln; sie hatten geliebt, gesucht, gelit-
ten, hatten an so viele Türen geklopft, Scheiterhaufen und
Gefängnisse erduldet, hatten gelacht und wieder von vorn
begonnen; und jedesmal ließ ein leichter Wind die Falten
und Erinnerungen zunichte werden, es war immer wieder
neu, und immer wieder gleich, mit einer braunen oder
hellen Haut, mit Gelächter, Tränen, mit einer Tunika
oder keiner Tunika, in Bluejeans oder mit einer einsamen
Königskrone, ein selber Blick auf roten Sand im Feuer-
wind, oder auf diese kleine Schale weißen Sands, ein selbes
Glitzern des Himmels, hier oder da, auf diesem großen
Strom aller Leben, aller Länder, wie auf jenem kleinen
Igapo, aus dem der Gesang der Grillen aufstieg, und was
ist dahinter, was schaut? Welches ist die Geschichte all
dieser Geschichten, ob traurig oder fröhlich, nackt oder
goldbehangen, was ist der Faden? Und was bleibt unent-
deckt, damit man immer wieder von vorn beginnt mit
anderen Schmerzen und dem einen selben Blick in der
Tiefe, wie der eines Kindes, auf diesem oder jenem Strand,
das dem Schrei einer Möwe über der Brandung oder dem
Schrei der Wildenten jenseits der Morgennebel lauscht –

161

immer ein Schrei, immer ein Blick. Was schreit, was ist immer noch nicht da, wenn alles erfunden, wieder verloren, von neuem erfunden ist, wenn wir mit der kleinen Katze auf der Mauer gerannt oder mit allen Möwen der Welt in die Dünung getaucht sind, ach, was fehlt, was fehlt? Denn Gringo, das war das Unersättliche.

Vielleicht war er auch der Schrei der Erde nach ihrer absoluten Freude.

Was nützt eine Erde, wenn sie nicht auf die Freude zugeht?

Er schritt mit Rani in den weißen Gang, während der Student seine Flöte auf einem Bürgersteig aufnahm und tastend, wie auf einer Traumwiese, nach dieser einen Note suchte, nach jener Note, die auf einen Schlag unwiderstehlich ertönen und eine Morgenröte verzauberter kleiner Funken in seinem Herzen und auf der ganzen Welt säen würde. Er suchte nach dem Gesang der Neuen Welt.

Mit der Morgendämmerung fand sich Gringo im schwirrenden Urwald wieder.

Er hielt diese weiße Hand mit den kleinen violetten Linien umfangen.

Sie lag mit weit offenen Augen in der Hängematte wie eine Barke. Sie schaute ihn an ohne ein Wort, ohne jeglichen Ausdruck, völlig unbewegt, und aus der Tiefe ihrer Augen schienen wie aus einem See große flammende und schweigende Jahrhunderte. Es war fast unerträglich. Gringo spürte eine ähnliche Flamme in seinem Herzen aufsteigen, die stieg und stieg, golden anschwoll und seinen Körper in ein Bad massiven Feuers tauchte, als würde alles gleich zerspringen. Etwas stand unmittelbar vor dem Kippen, es schien ihm, daß er gleich aus allen Poren seiner Haut fahren oder plötzlich plattgedrückt würde unter dem Druck dieser erschreckenden Dichte. Sie rührte sich nicht, nichts bewegte sich. Es war kein Wesen, das schaute – was war es denn? Vielleicht Ewigkeiten eines Blicks, der alle Flammen, alle Leiden, alle Tode, Wüsten und Nachtwinde und Räume auf Räume durchquert hatte, und der plötzlich erstarrte in Licht und Feuer, um noch weiter vorn das schwere unergründliche Tor der Zukunft anzuvisieren. Sie stieß eine Tür im Herzen Gringos oder der Welt auf. Er glaubte in Ohnmacht zu fallen. Sie lächelte. Alles stand still. Das unerträgliche Wunder hielt inne. Gringo stand am Rande des Unerforschlichen. Es war wie ein golden klingendes Glockenspiel hinter einer Tür.

Dann nahmen die Doppelflöten ihren klagenden Singsang auf zwei Noten wieder auf: die alte tödliche Runde nahm wieder Besitz von der Lichtung mit dem Schrei der Ara-Papageien und dem Murmeln der Menschen.

– Ich komme heute nacht wieder, sagte er.

Sie schüttelte kaum wahrnehmbar den Kopf.

Gringos Herz zog sich zusammen, so gerne hätte er ihr etwas sagen, diesen Augenblick für immer bannen wollen.

– Mâ …

Er küßte diese kleine Hand mit den violetten Linien und verließ die Hütte.

Brujos stieß ein Geheul aus. Gringo ging geradewegs durch das Lager, ohne sich umzublicken. Vrittru stürzte sich mit einem Satz auf ihn und packte ihn an der Gurgel. Gringo schaute, ohne zu sehen. Vrittrus Arme fielen wie ohnmächtig herab. Rani eilte herbei mit einem Buschmesser in der Hand. Sie blieb stehen. Der ganze Stamm stand schweigend daneben.

– Ihr Feiglinge! schrie Rani.

Niemand rührte sich.

Psilla trat hinzu mit ihrer Kakadufeder im Haar.

– Aber wir haben dir doch gesagt, daß sie tot ist, Gringo. Also sei doch vernünftig!

Gringo schaute verständnislos. Rani war im Zwiespalt: wenn sie sich bewegte, würden sie Mâ und ihn töten.

– Willst du den Platz Mâ's einnehmen? fragte ihn Psilla im selben kalten Ton. Willst *du* herrschen?

– Versteh doch, Gringo, sagte eine Stimme in der Menge, man sagt dir doch, daß sie tot ist, der Heiler hat es gesagt. Willst du denn alle durcheinanderbringen?

– Ruf sie doch, sagte Psilla.

Gringo schaute nach rechts und nach links; er war wie ein in die Enge getriebenes Tier inmitten dieser Meute, die den Tod wollte und an den Tod glaubte, allein an den Tod. Er brachte keinen Laut hervor.

Vrittru tat einen Schritt nach vorn, die Daumen in seinen Gürtel gestemmt.

– Wir haben diesen Fremdling und Rebellen jetzt lange genug ertragen, sagte er. Ich schlage vor, wir tragen die Leiche Mâ's jetzt hinaus, damit sie sie alle sehen können, dann graben wir ihr ein großes Loch im Lager und erweisen ihr die Ehre, wie es sich gehört.

Schweigen über der Lichtung.

– Aber sie ist nicht tot! sagte Gringo mit erstickter Stimme.

– Na, soll sie doch herauskommen. Ach, genug jetzt, Gringo! Ich schlage vor, diesen lügenhaften und subversiven Wicht, der die Geister stören und das Gesetz brechen will, aus dem Stamm zu verbannen.

Brujos näherte sich hinter Psilla:

– Vielleicht will er uns entzweien oder gar einen neuen Stamm bilden? Unser Gebiet rauben und uns von unseren Nahrungsquellen abschneiden?

Niemand sagte ein Wort.

Alles war falsch, und alles war wahr geworden.

Einer der Stammesältesten trat näher und sagte:

– Klagt nicht. Curupira ist groß, er wird uns erretten. Er hat unsere Mutter zu sich genommen.

Gringo blickte um sich. Er warf einen letzten Blick auf die kleine Hütte hinter dem Violettbaum. Der Schrei eines Adlers ertönte über der Lichtung.

Er drehte ihnen den Rücken und schritt in den Wald.

XXXIV

Quinos Flöte

Rani lief schweigend neben ihm her, sie tänzelte nicht.
Der Urwald schloß sich hinter ihnen wie ein Vorhang.
Gringo wußte nicht, wohin er ging: er ging, und rechts
oder links, Norden oder Süden waren ein selber Schmerz.
Das Leben war plötzlich ein Gehen im Nichts. Es gab keine
Vergangenheit, es gab keine Zukunft: Bäume vorn, Bäume
hinten, und jetzt dieser einzige Schritt wie unter Millionen
Bäumen danach. Die Welt, das war diese tickende leere
Minute. Eine fast erdrückende Leere. Und dennoch lief
man ewig weiter – wozu? Einen Moment lang verspürte er
den Impuls, einfach stehenzubleiben und mit großen
Augen ins Nichts zu starren … bliebe er aber stehen, und
wäre es auch nur für eine Sekunde, dann würde er sich
nicht mehr aufraffen können, das wußte er, und wie eine
Flechte oder ein Stein für immer am Boden klebenblei-
ben. Dieser Schmerz *mußte* einen Sinn haben, sonst war es
einfach fürchterlich. Rani tat einen Schritt und einen
nächsten Schritt, und ab und zu hob sie eine Nuß auf für
unterwegs. Sie verbarg ihren Schmerz in diesen kleinen
Gesten, und manchmal fuhr es wie ein Pfeil durch ihr
Herz: „Ich hätte ihn töten sollen." Dann fixierten sich ihre
großen dunklen Augen einen Moment lang auf den Weg
vor ihr, auf eine kleine grüne Moosflechte, und es lag so

viel Schmerz darin, daß es fast unerträglich war. Gringo sah nichts; immer noch blickte er auf diese kleine weiße Gestalt in ihrer Flammenbarke, diese großen Augen von anderswo, die ... was sahen? Immer noch spürte er diese lodernde Flamme, diese goldene Invasion in seinem Körper, und dann ... was? Ein Baum und noch ein Baum, Bäume ohne Ende. Sie gingen in diesem brennenden Nichts wie zwei Menschenkinder am Anfang oder am Ende der Zeiten, unter dem immer gleichen hohen Gewölbe und dem Surren der Insekten wie ein Bohrer ... um was zu durchbohren? Denn die einzige Zeit war das Jetzt, und für immer jetzt. Und es gab kein Ziel: der einzige Ort war das Hier, und für immer hier. Sie waren am Nullpunkt angelangt, am Ort der Vernichtung. Und diese Frage: in Jahrmillionen Jahren oder nach Tausenden dunkler oder blauer Augen, unter anderen Sonnen oder anderen Sprachen und Gesten, was würde da wohl anders sein, wirklich anders?

Er ergriff Ranis kleine Hand: sie war eiskalt.

– Warte, sagte sie, hier gibt es Körner für die Sittiche, die sind gut.

Und sie rettete sich ins Dickicht wie ein verletzter Vogel.

Dann auf einmal das Rauschen des Wasserfalls.

Sie rannten, als gäbe dieser Wasserfall plötzlich einen Sinn, ein Gefühl der Freundschaft. Dieses Rauschen kannten sie, und im Herzen wurde es frisch und warm. Kreischende Papageien und Eidechsen aufscheuchend, kletterten sie über das schwarze Basaltgestein. Da war es. Ein blendendheller Himmel über dem grünen Wogen, das sich hob und senkte im Wechsel von schattigen Schluchten und sanften Anhöhen und wie ein ungeheures Brodeln von Smaragd mit Gold vermischt bis zum flachen

Meer dort floß, das schimmerte wie ein an den Felsen der
Erde hängengebliebener Fetzen Unendlichkeit.

Und das frische, kristallklare Wasser für die alte Wunde,
inmitten dieser Welt ein Mensch zu sein, weder Fisch noch
Vogel, weder Eidechse noch kleines Blatt – was denn?
Wäre er „das", was er *ist*, dann hätte sich der Mensch
vielleicht gefunden für alle Zeiten, alle Orte, alle die
kleinen Jetzt, die kommen und gehen, ohne je eine einzige goldene Sekunde wie die Sonne in einem kleinen
vollen Wassertropfen zu verweilen.

– Kleine Königin ... Sie hat gesagt: „Es gibt den Menschen nach dem Menschen." Würde man den finden,
dann fände man vielleicht den Ort, verstehst du, den Ort
...

Und sie tauchte ihren Finger ins frische Wasser, in dem
kleine Algen tanzten.

– Den Ort ... sagte sie, und nickte. Wenn Mâ aber nicht
da ist, gibt es keinen Ort.

Sie hob die Nase und betrachtete den Wald, diese
endlosen Bäume wie eine grüne Sintflut mit einem kleinen Gringo und einer kleinen Rani.

– Glaubst du, daß sie immer noch bei uns ist?

– Aber es gibt einen Ort, Prinzessin, ich weiß nicht ...
einen Ort, wo es voll sein muß. Und wo es voll ist, ist sie da,
unfehlbar. Glaubst du, daß es in all dem keinen vollen Ort
gibt?

Er schaute und schaute auf dieses weite Wogen. Sie
schaute und schaute. Seit Jahrmillionen Jahren hatten sie
wohl so geschaut, mit Abertausenden von Menschenaugen, die sich geöffnet, geschlossen und wiedergeöffnet,
aber sich nie endgültig auf das eine Ding geöffnet hatten,
den einen kleinen Baum, den einen kleinen Schößling,

auf jenes Etwas, das diesen blauen oder dunklen Augen ihre ewige Farbe gäbe, ihr ewiges Entzücken, ihr friedliches Lächeln angesichts jedes kleinen Blatts und jedes im großen Wildbach murmelnden Tropfens. Dann würde es sich nie mehr verschließen, denn man trüge den Schatz der Welt in seinem Herzen wie das Vogeljunge im Schutz des Nestes, wie die grüne Alge im Schoß der Welle, wie die verzauberten Minuten im Banne einer steten Süße.

Und wo war sie, diese Minute, dieser Ort der Verzauberung? Dieses „Für-immer-da“.

Da hörten sie den Ton einer Flöte.

Ein struppiger Kopf tauchte unten am Wasserfall auf. Ein Menschenkind setzte sich auf den Felsrand. Es war Quino.

Er spielte für den Wasserfall, oder für nichts, er ließ seine kleinen Notentropfen dahinperlen, um mit dem Wasserfall zu sein, mit dem sanften Wind, mit allem und nichts, mit seinem perlenden Herzen. Er trieb dahin auf seinem singenden Bächlein, und jenseits war hier, jetzt war immer; sein Ton stieg und stieg mit dem schrillen Schrei des Wiedehopfs, tauchte und versank in den schattigen Niederungen, wo die grüne Schlange dahingleitet und die einsame Heuschrecke unter dem Blatte zirpt, um dann flügelschwingend wieder aufzusteigen und einen kleinen Regen flüssiger Noten auf ein himmelblau aufgerissenes Feld fallen zu lassen.

Dann war alles still.

Diese Minute *war*.

In der Ferne, hinter der Brandung und dem weißen Funkeln, vibrierte es weiter, in einer Tiefe von hier, die mit Tiefen von dort zu verschmelzen schien und ihre Perlen endlos in eine große sanfte Erinnerung fallen ließ wie in zeitlose Schneeräume.

Und dort schien Mâ zu lächeln.

Aber es war ein Traum. Ja, es war ein Traum!

Gringo hob ein Steinchen auf und ließ es in einem gezielten Wurf auf Quinos Kopf landen.

– He, Quino!

Verdutzt wandte der sich um. Dann stürmte er lachend den Wildbach herauf.

– Was machst *du* denn hier?

– Und du?

Sie lachten, und es tat so gut, zusammen zu lachen.

– Nimm, sagte Rani, hier sind Körner und Nüsse für alle.

Sie aßen und lachten.

– Gehen wir zusammen weg? sagte Gringo.

– Wohin?

– Ach, weiß ich doch nicht!

Quino schaute vor sich hin, auf den endlosen Wald, nach links und nach rechts.

– Es ist groß ... Und was essen wir?

– Nun, es gibt Nüsse, wir essen, was wir finden.

– Das ist nicht viel ... Und wo schlafen wir?

– Ich weiß nicht, auf den Bäumen.

– Da gibt's wilde Tiere.

– Hast du Angst?

– N...nein, sagte Quino und kratzte sich am Kopf. Aber man weiß nicht, wohin man geht.

– Und hier, wohin gehst du hier?

– Nun ...

Rani folgte dem Dialog mit leiser Belustigung.

– Willst du bei Vrittru, bei Psilla und all diesen Leuten bleiben?

– Aber wohin willst du gehen? Es ist niemand dort. Niemand ist je dorthin gegangen.

– Also, hör mal, sagte Gringo ungeduldig, du kannst ja zweitausendsiebenhundertsiebenunddreißig Jahre beim Stamm bleiben, dem kleine Stämme und noch weitere endlose Stämme folgen. Und wenn dann Mâ wiederkommt, werden sie sie wieder töten.

– Aber so ist das Gesetz, sagte Quino, völlig aus der Fassung.

– Ich habe genug vom Gesetz. Hör mal, Quino, ich will dich nicht zwingen, mit uns zu kommen.

Quino wurde plötzlich bleich, er drückte seine Flöte ans Herz, er wußte nicht, wohin er gehen sollte, kannte er doch nur das Land seiner Flöte. Rani erbarmte sich.

– Quino, ob du bleibst oder mit uns kommt, wir lieben dich so oder so. Du kannst ja von Zeit zu Zeit hierherkommen und unter dem Wasserfall spielen und dabei an uns denken. Vielleicht sehen wir uns eines Tages wieder ... dort unten.

Große Tränen liefen über Quinos Wangen, er war verloren.

– Weißt du noch, Gringo, wie du fliegen wolltest ... Ich fliege mit meiner Flöte!

– Und ich will mit meinem Körper fliegen, nicht mit Träumen.

Ein Abgrund des Schweigens tat sich zwischen ihnen auf.

Die Wasser des Wasserfalls fielen noch immer in einem kleinen Regenbogen.

Gringo erhob sich. Er schaute nach Westen, nach Norden und nach Süden.

– Dort ist der Wald, dort ist immer noch Wald, dort ist die Serra …

Quino warf ihm einen herzzerreissenden Blick zu.

– Wir gehen dorthin, sagte Gringo und zeigte auf die Savanne und das Meer.

Dann las er im Wildbach ein paar Algen und Kiesel auf.

Er nahm Ranis Hand.

Sie brachen nach Osten auf.

Eine schmale Silhouette schaute lange auf den Wasserfall.

XXXV

Die violette Schlucht

Sie liefen Tage und Monate, den runden Flanken der
Serra folgend, wo sich zuweilen tiefe Schluchten auftaten,
in denen tobende Flüsse grollten; sie durchquerten blau-
grüne, unbewegte Sümpfe, die wie ein böser Zauber waren
und plötzlich in delirierende Lichtungen mündeten, wo
seit Urzeiten irre Vögel kreischten, gingen im Einklang
mit dem Rhythmus, liefen und liefen unter dem langen,
milden Regen wie durch grauschimmernde Algen hindurch, wie durch lange Jahrhunderte in einem ungeheuren Ansturm von Düften, und manchmal der Schrei eines
Aras; sie lauschten der Nacht und lauschten dem Tag, und
wieder der pfeifenden, knirschenden und immer gleichen
Nacht; sie lauschten dem dumpfen Donnern zusammen-
krachender Riesenbäume, ein Abgrund tat sich auf und
ein Schweigen, das in eine noch größere, unbewegte,
stumme Nacht versank, und leere Augen öffneten sich auf
ihr eigenes Geheimnis. Es war endlos, ohne Anfang, ohne
gestern noch morgen, ohne ein Jenseits, zwei Menschenkinder, die laufen und laufen aus welchem Grund? Sie
sagten nichts mehr, wollten nichts mehr, sie gingen, auf
unbestimmte Zeit, ein Schritt, und noch ein Schritt,
Bäume und noch mehr Bäume, Schreie und noch mehr

Schreie, nach Osten, immer nach Osten, wie zwei kleine
weiße Flammen im Bauch der Jahrtausende.
Und plötzlich setzte sich Gringo.
Sein Bein war geschwollen, er konnte nicht mehr.
Er würde nicht weiter nach Osten gehen, er würde
nirgendwohin mehr gehen.
Er war am Ende der Reise angekommen.
Am Ende von nirgendwo.
Rani schaute ihn an mit zwei riesenhaften Augen wie die
Nacht.
In einer violetten Schlucht hörte man das dumpfe Brau-
sen eines Flusses.
Sie schöpfte ein wenig Wasser in die Handhöhle, um
dieses brennende Bein zu kühlen. Er schüttelte schwach
den Kopf. Sie nahm eine letzte kleine Alge, befeuchtete sie
ein wenig und gab Puder hinzu.
– Hier, iß!
Er schüttelte den Kopf.
Da   setzte sie sich mit den Händen flach auf den Knien
und schaute starr vor sich hin. Lange schaute sie so.
Gringo sah nichts mehr, er hörte das Fieber in seinem
Körper steigen und wie an Tausende von kleinen Schmer-
zenstüren klopfen. Bilder begannen an seinem Auge vor-
überzuziehen, oder vielmehr, er selbst trat in die Bilder
ein, wie ganz viele kleine Gringos, die von überallher
aufschossen, in die eine oder andere Farbe gekleidet,
jeder in ein kleines lebendiges Bild gehüllt: Gringo am
Ufer eines von weißen Tauben gesäumten Stroms; Gringo
am Meere sitzend, wo die Möwen kreisen; Gringo zu Pferd
in einer Schlucht Abessiniens, einem wegfliegenden Adler
nachschauend; Gringo mit kahlrasiertem Schädel vor
einem Opferfeuer; Gringo am Straßenrand, den Kopf auf

die Hände gestützt, und eine Flut vorüberziehender Menschen; Gringo, der eine weiße, zarte Hand hielt, die von violetten Linien durchzogen war: „Dieses Mal?" Dann wieder Menschen, in Viererkolonne, und ein fremder, ausgezehrter Gringo, mit einer Nummer auf der Brust und großen ins Nichts blickenden Augen. Augen, Augen, die schauen, Augen von überall – blau, stets blau wie ein Meer, aus dem sich eine Möwe mit einem Schrei aufschwingt, immer ein Schrei.

– Mâ ... hauchte er.

Und da war sie, lächelnd, immer gleich.

– Nun, ich habe lange auf dich gewartet!

– Mâ, ich werde sterben.

– Sterben? sagte sie, wie man zu einem Kind spricht ... Und du, kleine Königin, willst du auch sterben?

– Ich gehe mit ihm. Was ist das, sterben?

– Ach! sagte sie. Warte, ich werd's dir zeigen.

Sie nahm die Hand Ranis, die Hand Gringos, und sie liefen auf die violette Schlucht zu, in der der Fluß brauste.

XXXVI

Das Netz

Sie traten in die violette Schlucht ein.

Sie war sehr tief und von hohem Farn gesäumt. Das Geräusch des Flusses war ohrenbetäubend. Alle drei schienen sie so klein und weiß in dieser riesigen, mit malvenfarbigen Moosflechten überwachsenen Spalte. Mit einem Schrei flog ein Adler auf. Gringo hob den Kopf und schaute. Und gleichzeitig war es sehr still hier, als wäre man Zeuge einer feierlichen Zeremonie. Am Ende der Schlucht ähnelte der von oben beleuchtete Sturz des Wassers einer Lichtsäule. Zu dritt gingen sie weiter wie in den Gängen Thebens und anderer Gänge am Ende des langen Marsches, wenn die Zeit zerbröckelt und weich wird wie ein Vogelfuß auf weißem Sand.

Sie gelangten an den Fuß des Wasserfalls. Gischtsprühende schwarze Steinblöcke erschienen mit ihren großen runden Rücken wie reglose Wächter. Mâ ließ die Hand der Kinder los und ging um den Fels herum. Das Wasser fiel klar und glatt wie ein Spiegel.

– Folgt mir!

Sie streckte die Hände aus und trat durch den flüssigen Spiegel.

Gringo nahm die Hand Ranis, sie fühlte sich ganz weich an.

Sie gingen durch den flüssigen Spiegel.
Der Lärm schien wie hinter einer Wand gedämpft zu
sein. Ein blasser Lichtschein fiel auf die ungeheure Basalt-
spalte, die wie durch einen Blitzschlag entstanden schien;
die scharfen Kanten glänzten. Mâ ging voran, leicht schim-
mernd im Halbdunkel. Gringo spürte sein Bein nicht
mehr, auch die Schmerzen waren verschwunden: alles war
seltsam unbewegt und still in seinem Körper, so still, daß
er schwerelos zu sein schien – das Gewicht war nur die alte
unruhige Vibration. Dieses Vibrieren war verschwunden,
nur mehr eine langsame, sanfte Bewegung wie die eines
über das Wasser gleitenden Schwans, der langsam in seinem eigenen Schnee versinkt. Und weit, weit weg, in
einem so tiefen Schweigen, daß es durch kristallene Ewigkeiten zu kommen schien, vernahm man ein dumpfes
Glockenschlagen.
Die Spalte verengte sich. Mâ blieb stehen. Jetzt war es
wie ein undurchsichtiger Schleier, kaum erriet man einen
bleichen Lichtschimmer auf den Basaltkanten. Gringo
fühlte etwas Kaltes und Klebriges, das seinen Körper wie in
ein Netz einschloß. Rani hielt seine Hand fest umfangen.
– Jetzt bist du an der äußersten Grenze deines Körpers
angelangt, sagte Mâ mit neutraler Stimme.
Gringo versuchte sich von diesem klebrigen Netz zu
befreien.
– Versuch es nicht, sagte Mâ, so geht's nicht. Wie du
siehst, bist du gut verschnürt, fügte sie mit jener leisen
Ironie hinzu, die sie niemals verließ. Du stößt einfach und
gehst vorwärts.
Gringo stieß und ging voran, Schritt für Schritt.
Plötzlich tauchte Vrittru auf, ganz schwarz und bedroh-
lich.

– Da kommst du nicht durch, du hast kein Recht hindurchzukommen.

Gringo blickte ihn an:

– Du kannst dich zum Teufel scheren!

– Zeig mir deine Macht. Bist du größer als das Gesetz?

Und Vrittru schien immer riesiger zu werden, je länger er redete und Gringo zuhörte.

– Weißt du, daß du sterben wirst, wenn du da hindurchgehst?

– Ich habe keine Angst vor dem Sterben.

– Und du, kleine Schlange, sagte er, sich an Rani wendend.

– Du bist häßlich, erwiderte sie schlicht.

– Na, versucht es doch! Ihr seid ganz allein, Mâ hat euch verlassen, ihr seid in der Illusion gefangen.

Und Mâ war verschwunden.

Jetzt war es vollkommen dunkel, der Atem stockte; mit seinen Händen konnte Gringo die kalten Kanten und dieses Netz um sich herum berühren. Die Spalte wurde enger und enger. Rani keuchte. Und das Glockengeläut schien immer mehr anzuschwellen.

Gringo und Rani stießen, ohne voranzukommen. Sie stießen, und immer fiel das Netz auf sie zurück wie ein Gummiband. Es war erstickend.

– Ha, höhnte Vrittru, du willst wohl den Stamm verlassen …

– *Du* hast mich ja verjagt.

– Du willst aus dem Kreis des Gesetzes treten, du bist es leid, ein Mensch zu sein.

– Ja.

– Aber da kommt man nicht heraus, Kleiner! sagte er mit fast freundlicher Stimme, man stirbt, und das ist alles, und dann beginnt man von vorn. Der Körper aber löst sich auf. Hast du je einen Leguan fliegen sehen?

– Nein, nie, aber ich weiß.

– Hast du je gesehen, wie aus einem Mensch ein Vogel wurde?

– Nein, nie, aber ich weiß.

– Was willst du werden?

– Ich weiß es nicht, aber ich weiß.

– Und welcher Weg führt da hinaus? Kennst du den Weg? Gibt es überhaupt einen Weg?

Gringo gab keine Antwort.

Wieder das Schweigen und dieses anschwellende Glokkenklingen. Kaum fühlte er Ranis Hand.

Der Weg, welches war der Weg?

Er stieß diese klebrige, schwarze Masse von sich weg, und sie kam auf ihn zurück.

– Mâ! schrie er.

Niemand antwortete.

– Ah, siehst du, sagte die Stimme in der Nacht. Sie ist tot, auch sie ist gestorben.

– Das ist nicht wahr! sagte Rani, und in ihrer Stimme lag eine solche Intensität, daß Vrittru verstummte und alles einen Augenblick verstummte.

– Ihr seid ganz allein in eurer Illusion gefangen, begann er wieder.

– Dann will ich lieber in dieser Illusion sterben, als in deiner Gewißheit leben, sagte Gringo.

– Wirklich? … Also macht, was ihr wollt!

Und er verschwand.

„Der Weg, welches ist der Weg? wiederholte Gringo.

– Rani!

Sie gab keine Antwort, er fühlte ihre eiskalte Hand. Gringo stieß und stieß gegen diese Masse, die wie die Maschen seines eigenen Körpers war: „Aber du wirst sterben, wenn du da hinaustrittst, sie wird sterben." Da hielt Gringo inne, es gab keinen Weg mehr, es gab nichts mehr außer diesem erstickenden Druck und der Glocke, deren Klang in der Nacht immer lauter dröhnte. Er war am Ende des Lebens angelangt.

– Mâ! schrie er noch einmal.

Niemand antwortete. „Sie ist tot, sie ist tot", hörte er ein Flüstern gegen seine Ohren, „am Ende liegt nur der Tod, nur der Tod ..." Er keuchte, kalter Schweiß bedeckte seinen Körper. „Bist du sicher, daß du nicht ans Tageslicht zurückkehren willst? Weißt du noch, die Grillen auf dem Igapo, weißt du noch? ..."

Da rührte sich Gringo nicht mehr, er versuchte nicht mehr, an diesen Maschen zu ziehen. Er schmiegte sich ganz fest an dieses Pochen, das drinnen immer noch schlug, an diese warme Höhlung auf dem Grund. Es war wie warmes Gold in kaltem, schwarzen Berggestein. In seinem Herzen war kein Wunsch mehr, keine Hoffnung mehr, kein Gebet mehr, oder dann war das Gebet dieses selbe Gold, das immer weiter schlug, die Hoffnung war dieses Gold, der Weg oder der Nicht-Weg war dieses Gold – einzig dieses Gold, das ist alles, was auf der Welt bleibt: ein kleines goldenes Pochen in kalter Nacht, und Mâ und Rani waren allein dieser leise Atem auf dem Grund, dieses Etwas ohne Worte, ohne Hoffnung, ohne Verzweiflung, ohne Wert oder Unwert. Ein kleines brennendes Feuer, ein brennendes Gar-Nichts, und sogar auf dem Grunde der Hölle war es noch da – das einzige Ding, das ist.

Gringo ließ sich da hinein sinken.

Er nahm Abschied vom Leben, von Mâ, von Rani. Er nahm Abschied von der Sonne und allen Sonnen.

Und da schien ganz unten etwas wie eine Sonne, eine ganz kleine Sonne.

Etwas Warmes und Volles.

Wie ein Sonnenstrahl in einem kleinen Tropfen des Seins.

Etwas von einer fast unerträglichen Dichte.

Und bewegungslos.

Alles hielt dort inne.

Da schloß Gringo die Augen, er nahm Abschied von Gringo. Und plötzlich wurde es unendlich ruhig. Er hörte wie eine Kinderstimme in der Ferne, die mit einer Sanftheit ohnegleichen, einem so reinen Zauber und in kristallklarem Ton, wie die Gewißheit selbst, mit einem Lächeln am Ende, sagte: „Alles ist schön."

Und dann war nur noch diese Schönheit.

Leicht und transparent.

Es wollte nichts, es nahm nichts.

Es war.

Es war wie die Liebe.

Rein. Für nichts. Frei von allem.

Es schaute mit großen Augen der Unendlichkeit.

Es war unschuldig.

Es hatte keine Gestalt, kein Maß, keine Größe. Ein schlichtes, goldenes Pochen, aber nicht wie aus Gold, sondern reine Reinheit. Und so leicht, daß es überall war, so schön, daß es wie die Liebe in allem war, einfach, evident: Myriaden kleiner goldener Herzschläge, ein Herz, das weit und groß wurde, um überall zu lieben, alles zu umarmen, überall zu tanzen, eine Unendlichkeit kleiner reiner Freuden in Ewigkeit, für nichts, weil es schön und entzückend ist zu sein, überall und immer. Es gab keinen Gringo mehr, nur noch Myriaden kleiner dichter Bläschen wie ebenso viele kleine Freudensonnen, die weiter und weiter wurden, alles durchdrangen, allem zulächelten, in unendlichem Wohlbehagen strahlten, als atmeten sie durch Tausende von Freudenporen und wirbelten wie Millionen entfesselter goldener Kolibris in einem Kirschbaum. Und Gringo schritt durch die Maschen des Netzes in einem unendlichen, golden klingenden Glockenspiel.

Mâ war da, Rani war da.

Vor ihnen stand ein goldenes Tor.

– Ah, du bist also nicht gestorben! sagte sie mit schalkhafter Miene. Komm, jetzt werde ich euch die Neue Welt zeigen – oh, nicht so neu, sie ist sehr alt, aber man hat sie eben nicht wahrgenommen.

Und lachend öffnete sie das goldene Tor. Sie brauchte es nicht zu öffnen: es sprang auf wie eine Flasche Champagner.

– Uff, habe ich heiß gehabt! sagte Gringo.

– Das war die ganze Lüge, die klebte, sagte Mâ. Das „Gesetz", wie es Vrittru bezeichnet. Eine legale und unwiderlegbare Lüge. Und jetzt öffne die Augen und schau!… Mit welchem Teil willst du anfangen, mit dem Ende, der Mitte oder dem Anfang? Denn alles ist zur gleichen Zeit!… Aber mach nicht so ein Gesicht.

Dann begann sie zu lachen, als sähe sie etwas:

– Eines Tages werde ich sie alle losschnüren wie dich, die werden ein komisches Gesicht machen!

XXXVII

Die Minute Null

Sie traten ein in eine leichte Luft, die wie die Sonne
selbst war. Zu atmen war Freude, und zu laufen schien wie
eine zweite Atmung. Es war der ganze Körper, der atmete:
nicht nur die Lungen, sondern ein unbeschränktes sanftes
Aufgehen in Wohlbehagen, als fühlte jede Zelle ihre eigene Wonne, und alles zusammen war .. oh, eine solch
köstlich-bewegliche Leichtigkeit, die tatsächlich pulsierte
wie Myriaden kleiner Sonnen, die Bläschen von einer
unzähmbaren Freude im ganzen Körper bildeten. Ein
Körper der Freude! Gringo sprang in die Luft mit
geschlossenen Augen – vielleicht fühlte ein Reh die gleiche Freude, wenn es zu einem Sprung ansetzte, oder eine
kleine dahinflitzende Eidechse, oder eine Eiderente, die
auf einem Bein ruhte, und die ruhig zusammengerollte
Schlange, alle, alle!... Gringo hatte vergessen, und jetzt
atmete er plötzlich tausendfach in seinem Körper für die
Tausenden von eingemauerten Jahren; mit geschlossenen
Augen sprang er hoch in einer unermeßlich leichten
Wonne. Auch brauchte er nicht mit den althergebrachten
Augen zu sehen, von ihrer Höhle aus und ohne Bewe-
gungsfreiheit, mit der unvermeidlich gleichen kleinen
Färbung, ja, man brauchte überhaupt nicht mehr zu
sehen! Man sah-lebte durch sämtliche lichterfüllten

183

Poren, berührte-fühlte durch unzählige kleine vibrierende Antennen, die Luft und Licht ansaugten wie die Fruchtstempel eines blühenden Baums. Und hopp! nahm Rani seine Hand, und sie rannten alle beide ausgelassen wie Kinder der Neuen Welt auf Wiesen der Freude.

Mâ schaute ihnen lächelnd zu.

Sie spielten lange, schien es, denn die Zeit war nichts anderes als ein Freudenblitz. Sie „maß" die Freude, und hatte man genug gespielt, schloß sie sich wieder wie eine in ihren Duft gehüllte Knospe. Man war für niemanden mehr zu sehen. Das war alles.

– Mâ! rief Rani aus, mit rosigen Wangen und zerzausten Haaren, wir haben uns gut amüsiert. Ich habe Durst.

– Na, gut, dann trink!

Sie standen am Fuße des Wasserfalls.

Rani schüttelte den Kopf und legte einen Finger an ihre Nasenspitze, wie um zu sagen ... Und sie hielt ihre Hände in den Bach, um sicher zu sein.

– Und Gringo?

Da war er plötzlich, mit seinem Rindengürtel um die Lenden, auch er ganz rosig. Die Distanzen existierten nicht mehr: sie maßen ein Nicht-Sein, und wie konnte das, was nicht war, existieren? Es ist nicht, und damit basta!

Rani kratzte sich am Kopf und schaute Gringo an, aber zu schauen war ... vielleicht schaute die Wolke den Regen mit seinen vielen kleinen Tröpfchen so an?

– Du bist schön, sagte sie schlicht.

– Was?

Gringo seinerseits schaute Rani an; es war keine sehr andere Rani, sie hatte immer noch diese Aura von Selbstverständlichkeit, vielleicht mit ein wenig Dickköpfigkeit vermischt, aber es lag Sonne darin, wie mit Granatapfelsaft geschlagener Honig; auch veränderte sie sich und nahm verschiedene Färbungen an: gerade jetzt erschien sie Gringo wie ein Pinguin am Ufer des Packeises. Sie trank lange und richtete sich wieder auf mit einem tiefen „Aah!"

– Sag Mâ, warum sind die Menschen in einem Netz gefangen?

– Ach, Kleine, das ist eine alte Geschichte ... Die Ärzte werden dir sagen, daß es an den Chromosomen liegt.

– Was ist das, die Chromosomen?

– Erstarrte Gewohnheiten. Weißt du, wie der Maulwurf, der sein Loch und seine Gänge gräbt.

– Kannst du sie nicht von ihren Gewohnheiten befreien?

– Ich könnte schon, aber ... Wollen sie denn überhaupt ihr Loch verlassen? Das sind kunstvolle Gänge, mein Kleiner! Etwas absolut Heiliges. Die würden schön aufschreien. Und sie werden dir sagen, das sei überhaupt nicht wissenschaftlich oder nicht katholisch oder nicht rational oder nicht physiologisch oder ... Nicht-nicht-nicht und nicht-nicht-nicht. Kurz, völlig unvernünftig.

– Und wenn du sie von ihrer Vernunft abbringen würdest?

– Das bleibt abzuwarten ... Oder ich zeig's dir, das ist einfacher. Drehen wir den Film mal zurück. Nicht, daß es einen Anfang und ein Ende gäbe, denn alle Zeiten sind gleichzeitig da: es kommt darauf an, wo man hinschaut. Wenn du auf ein Mauseloch schaust, bist du im Mauseloch drin.

– Dann muß man aber gut schauen, sagte Rani.

Sie streckte die Nase in die Höhe, und hopp! war sie auf einen Schlag weggeflogen: niemand mehr da.

185

– Mâ, sagte Gringo sinnend, was passiert da unten, in der Lichtung? Bist du auch dort? Oder was? Mâ blickte nach Westen, und hopp!... Die Himmelsrichtungen, das war die Zeitspanne eines Blicks, und es ging in alle Richtungen, nach Osten und Norden, nach Süden und Westen, denn Norden war ja überall dort, wohin man sich wenden wollte. Der unmittelbare Kompaß, so wie der arktische Vogel mit seinem Norden auf einer tropischen Lagune. Die ganze Zeit über war Norden, man konnte sich nicht verirren.

Sie gelangten zur Lichtung, als die Dämmerung fiel; schon hatten die Grillen und Frösche ihr Abendkonzert aufgenommen. Es war eigenartig, daß die Sonne hier unterging, wo sie doch andernorts aufging, es war überhaupt nicht logisch, denn wie kann eine Sonne gleichzeitig auf- und untergehen? Es sei denn, man spaltete sich in Stücke auf: ein Stück hier, ein Stück dort, ein Schritt auf jede Seite der Kugel. Die Menschen waren entschieden Menschen-Stücke und irdische Meridianviertel. Sie hatten die Kugel und die Rundheit der Welt verloren, einer Welt, die wogt und rollt in einem großen leichten Rhythmus, zusammen mit den Walen und der Sphärenmusik der Sterne. Doch in der wahren Zeit ging die Sonne nirgendwo unter, und die Jahre alterten nicht, da dort ein Morgen immer Morgen war, so wie es immer Norden war, und immer diese Freude, da zu sein, wo man ist – und wenn man damit nicht zufrieden war, war man eben nicht dort. Man kehrt zurück in die Knospe oder flitzt wie Rani auf Zehenspitzen davon.

Trotzdem bückte sich Gringo und hob eine Handvoll Erde auf, einfach um sicher zu sein. Sie war vollkommen irdisch, wiewohl sie eine zusätzliche Qualität aufwies: sie war sehr deutlich, als ob jedes Körnchen, jedes Stück Gras darin sein eigenes, besonderes Leben aufwiese; es war keine neutrale Masse mehr mit einigen kleinen klaren Punkten, die für das Auge hervorstachen: jeder Punkt war klar und lebendig. Gringo schaute sich um: die Bäume, der Violettbaum, das verblassende Abendrot, all dies war so lebendig und vibrierend, und zu gleicher Zeit von fester Qualität – überall war man augenblicklich darin. Ja wirklich, Gringo sah die Erde zum ersten Mal, nie war sie je so intensiv gewesen, jedes Ding schien aus sich heraus zu leuchten, hatte seine eigene kleine Laterne und ein Glasfenster, um guten Tag zu sagen.

Brujos trat in die Lichtung mit einer Kette erlegter Trompetenvögel um den Hals. Er sah fahl aus. Kratu, Vrittru und alle, einer nach dem andern kehrten sie mit ihrer Jagd- und Fischbeute, ihren Maniokwurzeln zurück: sie sahen alle fahl aus.

Gringo drehte sich mit einer Art Verwunderung zu Mâ um. Sie sagte nichts.

Sie waren grau, so grau, ohne Luft und Leben: eine welke Haut auf einer Art undeutlichen Verdauung. Psilla schritt vorüber; sie tat sehr geschäftig und sprach mit diesem und jenem, und immer in einem gewissen Kommandoton. Gringo verstand kein Wort ihrer Sprache. Es war eine Art steiniges und äußerst disharmonisches Geräusch: nichts ergab Sinn, es besagte nichts. Die Frösche hatten etwas zu sagen, der Wildbach hatte etwas zu sagen, sogar der Grashalm hatte etwas zu sagen: überall lag ein Rhythmus drin, diese Menschensprache hingegen wies keinen Rhythmus auf, sie stand mit nichts in Verbindung und rief nach nichts.

Und niemand sah sie.

187

– Mâ, fragte Gringo, wie kommt es, daß sie uns nicht einmal sehen? Sind wir unsichtbar? Oder sind wir etwa Gespenster?

Gringo kniff sich in die Nasenspitze, aber sie fühlte sich absolut handfest an.

Mâ, sehr amüsiert, brach in Lachen aus.

– Gespenster? Dann versichere ich dir, daß es eine Unmenge gespenstischer Dinge in dieser Welt gibt! Sag mir, auf welcher Seite sind die Gespenster?

Quino trat in die Lichtung, bleich und untätig mit seiner Flöte unter dem Arm. Und merkwürdig, er war weniger fahl als die anderen, ihn sah man besser.

– Siehst du, sagte Mâ, er ist schon ein wenig auf der Seite der Gespenster! Er erinnert sich. Das schafft innen ein wenig Licht.

– Aber warum sehen sie uns nicht?

– Mit welchen Augen denn, Kleiner?! Könnten sie uns sehen, so wären sie schon aus ihrem Netz herausgetreten. Mit welchen Augen kann ein Fisch einen Menschen sehen, außer im Traum … eines Fisches?

Gringo schlug die Hände kräftig zusammen.

– Heda!

Ein aufgescheuchter Grünspecht flog davon.

Kein Mensch hörte etwas.

– Das ist wirklich sonderbar … Bist du sicher, daß wir lebendig sind?

– Aber mein Kleiner, sie stecken alle in ihrem Menschentraum, so wie andere in ihrem Fischtraum.

– Aber das ist kein Traum! rief Gringo aus. Dieser Vrittru hat mir einen üblen Fußtritt in den Bauch gegeben – übrigens tut mir der Bauch nicht mehr weh.

– Wirklich ist demnach, was Bauchweh gibt!

Und Mâ konnte nicht aufhören zu lachen.

– ... Ja, so ist es: wirklich ist, was wehtut. Es muß wehtun, damit sie etwas fühlen! Hör zu, Kleiner, jetzt mal ganz im Ernst: Sieht ein Schmetterling einen Menschen? Oder eine Schlange, ein Wassertropfen, ein Blatt im Wind, sehen sie einen Menschen? – Auf ihre Weise sehen sie vielleicht einige Farben oder spüren Wärme und Kälte oder Bewegungen, die sie interessieren oder stören. Und wenn Quino mit seiner Flöte träumt, spürt er vage ein „Etwas", und das tut ihm weh. Das heißt, er fühlt sich beengt, es ist ihm nicht mehr wohl in seiner Haut. Nun, genau das ist es! Man muß sich schon sehr unwohl in seiner Haut fühlen, damit man anfängt, etwas anderes zu sehen als sein Fischwasser oder seine Menschenluft. Und selbst dann ist es immer noch völlig „vage".

– Ich erinnere mich, ja ... Es war etwas sehr Sanftes ... Ich spürte immer so etwas wie Schnee um mich.

– Du hast das Land nach dem Menschen gespürt. Übrigens ist es kein anderes Land, nein, es ist das gleiche, aber mit einem anderen Blick und einem anderen Rhythmus.

In diesem Augenblick tauchte Psilla vor ihnen auf. Sie ging geradewegs zu einer Art Steinhaufen inmitten des Lagers, neigte sich darüber und verbrannte Harz darauf. Gringo schaute verständnislos.

– Siehst du, sagte Mâ, sie haben ein Loch gegraben und erweisen mir die Ehre.

Worauf sie zu kichern begann wie ein kleines Mädchen:

– Ich fühle mich sehr geehrt.

Gringo war verblüfft.

– Aber du bist ja nicht dort drin!

– Doch, mein Kleiner, ich bin auch dort.

– Nein, das stimmt nicht!

– Für sie ist es wahr. Sie halten mich unter Verschluß; so werde ich ihnen nicht gefährlich!

– Aber was hindert dich daran, die Grube zu verlassen?! Damit würdest du ihre ganze Sache auffliegen lassen.

– Sie wären entsetzt, mein Kleiner! Sie würden auf der Stelle tot umfallen. So boshaft bin ich nicht. Übrigens stand es mir frei, mich dorthin zu begeben oder nicht.

– ??

– Sie haben es so gewollt. Hör mal, du hast noch gar nichts von ihrem Netz verstanden. Ich bin nicht hier, um verblüffende Wunder zu wirken, ich bin dazu da, sie zu veranlassen, aus ihrem Netz zu treten. Nun braucht es allerdings eine gehörige Dosis an Ersticken, damit sie es überhaupt verlassen wollen. Also ersticke ich sie Stück für Stück – oder vielmehr, sie ersticken sich selber.

– Aber du, wer bist du da drinnen?

– Der Schmerz der Erde.

Es gab ein Schweigen.

– Sie lieben ihren Schmerz, sie wollen ihn nicht loslassen. Schau mal, ich werd' dir etwas zeigen.

Unvermittelt fanden sich beide wieder auf der Straße einer Großstadt.

Eine riesige graue endlose Menschenmenge.

Plötzlich war Gringo mitten darin.

– Nein, Mâ, nein!

Niemand sah sie.

– Das ist nicht möglich, Mâ, das ist einfach nicht möglich! Oh, ich will nicht nochmals diese Straße hinabgehen, die Metro nehmen, all die Gesten wiederaufnehmen ...

Mâ sagte nichts.

Plötzlich erschien Rani, in Jeans und mit ihrem wehenden Pferdeschwanz, ganz rosig, als ob sie gerannt wäre.

– Ich habe mich gut amüsiert! Ich habe eine Kordel an Chackos Geweih gehängt, und dann sind wir zusammen über den Schnee gestoben ...

Brüsk hielt sie inne.

– Aber was ist das hier? Was haben sie denn alle? ... Aber das ist ja verrückt!

Sie packte Gringo am Arm und schüttelte ihn:

– Das ist verrückt! Sag mir, daß es verrückt ist ...

Gringo sagte nichts.

– Sieh doch, Gringo ...

Sie schaute nach rechts und schaute nach links.

Und plötzlich kullerten Tränen über ihre Wangen. Sie schüttelte wortlos den Kopf, es lag alles unter einem Schleier, grauenvoll, Männer ohne Zahl, mit ihren Aktentaschen unter dem Arm, Frauen ohne Zahl in ihren spitzen Schuhen.

Gringo sagte nichts, er schaute nur.

Er schaute, bis ihm fast die Augen aus dem Kopf fielen, mit einem so tiefen Schmerz in seinem Herzen, als würgte er Tode und Tode hinunter und endlose Schmerzen und Tausende von Schatten, dort, mit schlenkernden Armen am Straßenrand auf immer, durch unzählige Leben im Schatten, für nichts, mit einer Metro am Ende, wo man von vorn beginnt: La Motte-Picquet-Grenelle, alles aussteigen, aber das ist ein Witz, man steigt immer wieder ein. Und weiter geht's.

– Das ist entsetzlich, murmelte Gringo.

Rani sagte nichts mehr, sie war aschfahl wie eine Tote, die beiden Hände verkrampft über nichts gefaltet.

Mâ sagte nichts. Sie schaute. Dann trat sie behutsam zu Rani und sagte mit unendlicher Zärtlichkeit:

– Willst du zu Chacko zurück?

Rani schüttelte den Kopf. Sie war verloren in einer Art Erdbeben und schüttelte den Kopf, schüttelte den Kopf wie eine Schlafwandlerin.
– Und du, Kleiner, willst du?
Gringo schüttelte den Kopf, noch und noch.
Dann nahm er Ranis Hand, schaute ins Menschengewühl, schaute Mâ ins Gesicht:
– Ich bleibe, um mit ihnen zu schreien!
Worauf er sich zu dieser grauen Menschenmenge umwandte und einen so markerschütternden Schrei ausstieß, daß die ganze Menge augenblicklich stehenblieb, als ob ihr eigenes Herz schreie.
Sie drehten sich um. Sie schauten nach links, schauten nach rechts. Sie schauten und schauten. Anstelle der Augen gähnten zwei schwarze Löcher im Gesicht. Und auf einmal sahen sie in ihren Abgrund.
Ein unheimliches Schweigen fiel auf die aus ihrer Routine gerissene Menge.
Gringo drückte Ranis Hand wie durch ganze Leben als zum Tode Verurteilter hinter nicht endenwollenden Gefängnisgittern mit jenen qualvollen Nächten und dem Warten auf den Schritt des Folterknechts im Gang. Und dann die Morgendämmerung mit einem Vogelschrei, die Türe öffnet sich.
Und Gringo schrie.
Er schrie aus der Tiefe der endlosen Tode, der erdrosselten Körper, der geschundenen und vergewaltigten Körper. Aus der Tiefe jener unzähligen unbarmherzigen Nächte, aus der Tiefe der leeren Herzen ohne Zahl.
Nochmals schaute die Menge, von wo dieser Schrei kam. Und plötzlich sah sie in ihr Herz. Auf einen Schlag sah sie ihre Nacht.

Ihre schwarzen Augen rollten zu Boden.

Es glomm eine Flamme darin.

Ein kleines Etwas.

Ein Kind schrie. Ein zweites Kind schrie.

Und sie ließen ihre Bücher, ihre schwarzen Aktentaschen fallen. Die Arme sanken ihnen zu Boden.

Die Minute null.

Dann murmelte Rani wie eine Schlafwandlerin, mit einem ganz kleinen Seufzer, einem ganz leisen Schrei am Ende: „Nein!"

Ein kaum hörbarer Schrei.

Und den Menschen gingen ihre Augen des Lichts auf.

Da erfaßte ein ungeheurer Schrei die Erde, und aus dem Grunde des Todes schrien sie: N E I N !

XXXVIII

Was für eine Geschichte!

Ein Schattenmantel fiel von ihren Schultern.

Sie blinzelten mit den Augen.

Sie kannten weder Richtung noch Station, alles weg.

Name und Adresse – weg.

Es war alles falsch.

Nicht wahr, morgen früh am 4 Uhr 30 gehst du zum Schafott, und dann öffnet sich die Türe: kein Galgen, kein Gefängnis – blauer Himmel und eine jubilierende Amsel.

Das ist schon erstaunlich.

Man ist im Begriff, die Metro zu nehmen, man geht zur Geschichtsvorlesung, man geht zum Treffen, zum Geschäft, das ein zweites Geschäft und noch eines nach sich zieht, und dann plötzlich keine Treffen mehr – mit wem denn? – kein Geschäft mehr, keine Geschichte mehr: es ist hier, man ist im Geschäft, im Treffen, mittendrin in *der* Geschichte.

Sie ist hier, vor unserer Nase.

Aber was für eine Geschichte, Kinder!

Es gibt keinen Napoleon mehr, keinen Ludwig, keinen Soundso XIII. und Soundso XIV. und auch kein Königreich von Frankreich oder von China mehr, keine Jahreszahlen mehr, keinen Plesiosaurus als Vorläufer des Kaninchens, des Archäopteryx und des Marienkäfers

194

mehr – man findet sich in dem eben ausgeschlüpften Tier ohne Datum, hier und im irdischen Königreich, das ungläubig blinzelt, im Stelldichein mit vierhundert Millionen rührigen Jahren. Können Sie mir sagen, was das Geschäftstreffen eines Leguans wohl mit dem einer Ziege zu tun hat? Oder die Geschichte einer Raupe mit der einer Lerche? Oder gar die Geschichte des Menschen mit ... Ja, womit denn, mit wem, was genau soll das sein? Vierhundert Millionen Jahre Geschichte, die auf einen Schlag zur Vorgeschichte werden. Und die ganze Elektronik plötzlich Schrott, zusammen mit den Trilobiten, den Katzenwelsen und der Vorfahrt von rechts. Natürlich konnte man nicht damit rechnen, daß die Evolution beim Katzenwels, beim Pinguin oder beim Menschenkind stehenbleiben würde, aber es war trotzdem ein rechter Schock.

Und die Erde blinzelte und blinzelte angesichts dieses merkwürdigen neuen Tiers, das – wohlgemerkt – seine Hauthülle nicht verlassen hatte, das immer noch auf zwei Beinen und mit der gleichen komischen Nase herumlief, dort auf dem Boulevard ex-Michel, den man heilig nannte, wobei die Heiligkeit immer noch eine Angelegenheit der Ziegen oder der Kaninchen oder der ... war, doch lassen wir das.

Es war plötzlich sehr nackt.

Wirklich verblüffend.

Jene, die nur ein Kardiogramm in ihrer Brust trugen, erlitten plötzlich eine Herzattacke nach der anderen. Man rief den Notfalldienst, aber auch die Polizei sah nicht mehr durch: rückte man jetzt aus, um Hilfe bei einem Erdbeben zu leisten, oder war das ganze Neolithikum aus den Fugen geraten?

Allerdings zitterte die Erde nicht.

Was ging da vor sich?

Die noch nicht kollabierten Wissenschaftler sagten, dies sei nun die Mutation. Aber die Mutation von was? Was mutiert? Welches Organ?

Sie wühlten in ihren Taschen, tasteten den Bauch ab, aber es war nicht da.

Sie beklopften den Kopf, aber es war auch nicht dort zu finden, es sei denn, es handelte sich um eine Mutation des Gedächtnisses.

Und immer wieder schüttelten sie den Kopf, so wie Gringo und Rani dort auf dem Boulevard.

Und auf einen Schlag war es so NICHTIG.

Ein Nichts, dort auf dem Boulevard, mit zwei Beinen und einem Sakkoanzug.

Die Mutation ist etwas, das mutiert, aber in diesem Fall war es das Nichts, das mutierte – eine Mutation im Nichts.

Das Nichts war der Schauplatz der Mutation. Und kann man zugleich Raupe und Schmetterling sein?

Es war der Moment des Nichts-als-Zwischenstadium.

Und sie schauten sich ungläubig an, und da ihre schwarzen Augen auf das Pflaster gerollt waren, setzten sie sich auf den Boden neben ihren Augen, sie setzten sich mit ihrem NEIN im Herzen, sie setzten sich in einem brennenden Nichts, denn wenn das nicht brannte, war überhaupt nichts mehr da, dann war es der Tod bei lebendigem Leibe und im Sakkoanzug.

Eine Flamme.

Aus was, für was – man weiß es nicht.

Und sie betraten das Reich des Flammenmenschen.

XXXIX

Der Mensch nach dem Menschen

Und auf einmal gab es nichts mehr zu sehen: was kann ein Kaninchen schon mit Langustenaugen anfangen? Sie verließen die Welt der Languste, des Kaninchens, des Jungen vom Jungen, ja von allen Jungen mit ihren endlosen Jungen, die man mit Menschenaugen sieht. Und wenn alles ganz anders wäre? Die Welt ist gewiß ganz anders, und auch anders, als sie der Libelle auf dem Seerosenblatt erscheinen mag. Eine ganze Seerosen- und Libellenwelt, die ihre Antriebsmittel, ihre Geometrie und ihre runden Augen verliert, samt einigen Evangelien zum Heile der Seerose.

Etwas anderes ist auf den ersten Blick immer sehr schwarz.

Und trotzdem pocht etwas, da ist etwas, das pocht und pocht. Vielleicht das gleiche Etwas, das durch alle Leben der Languste, der Libelle, des Kaninchens und aller Jungen sämtlicher Jungen pochte, welche eines schönen Morgens in einer Menschenhaut landeten. Aber „das" geht viel weiter zurück, vielleicht vor die Welt der Seerose und vor andere auf dem Ozean der Galaxien treibende Seerosen. Es ist ein uraltes Pochen. Vielleicht das erste Pochen aller kleinen Geschöpfe. Und was ist es?

Ein Schweigen.

Ein formidables Schweigen, wie ein Loch durch den Planeten und viele andere Planeten hindurch bis hinab zum tiefsten Grund aller Planeten, die mit Menschen, kleinen Eidechsen oder mit kleinen oder großen unsichtbaren Dingen versehen sind. Es gab kein Ohr mehr dafür, und was soll das überhaupt, ein Ohr eines Wals oder Pelikans für diesen Urgrund am Ende – von was? Und dennoch pocht und pocht es, ein pochendes Schweigen.

Und jetzt lauschte der Mensch bis an die Grenze des Alls.

Und jetzt schaute er bis ans Ende der Zeit.

Etwas sehr Fernes und Uraltes.

Es war sehr nah in einer Brust.

Ein nächtliches Pochen, das alle Nächte, alle Pelikane in der Nacht und alle Schmerzen des Pelikans oder des Menschen in sich birgt. Ein Herzschlag, der alle nächtlichen Herzen, alle kleinen Geschöpfe in sich faßt, deren Herz je geschlagen hat, noch schlägt und immer schlagen wird. Etwas ohne Schmerz, ohne Ende und ohne Ziel: es schlug, um zu schlagen, denn es tat gut zu schlagen und immer weiter zu schlagen, ob bei einer Libelle, einer Spitzmaus, einer Galaxie oder einem Kätzchen. Etwas sehr Sanftes, wie ein Wind durch die ungehemmten Galaxien, ein Wind, der wehte im Tauwerk der Welt unter ihren großen Dünen und Disteln, ihren Spitzmäusen, ihren Libellen, ihren verstreuten Menschenkindern. Es war die Musik der Welt, ihr Flügelschlag am Ende der Zeiten, am Ende der Welten und aller Schmerzen aller Welten; da, in einem Menschenherzen, schlug es, so wie am Rande der unsinnigen oder sinnvollen Galaxien, wie am Rande der noch nie begangenen Wiesen, dort hinter noch nie geträumten Träumen. Und es erstreckte sich weit, weit, bis auf den Grund des Herzens, wie eine plötzliche Liebe für diese großen freien Ufer, während ein namenloses Auge sich langsam auf eine noch nie gesehene Erde öffnete. Die Morgendämmerung der Neuen Welt. Man fand sich noch nicht darin zurecht. Es schwebte wie ein kaum wahrnehmbares Lächeln. Ein Lächeln für nichts und für alles.

Es lächelte seiner eigenen Liebe zu, die schlägt und schlägt, und es war so köstlich, daß es überall, in allem schlagen wollte. Es hatte keine Augen, und es hatte alle nur möglichen Augen: die einer Libelle, eines Hechtes, eines Sternenzwinkerns; es hatte keine Ohren, und doch lauschte es überall einem selben Pochen, einer selben menschlichen oder nichtmenschlichen Musik, in einer Distel auf den großen Dünen oder auf den Felsriffs der großen verlorenen Sterne. Der Mensch war verloren, und es war millionenmal der Mensch durch alle Epochen, alle entfesselten Zeitalter hindurch, auf leichten Meridianen, die im Winde knatterten … oder in dieser einzigen süßen Sekunde wie ein unter großen weißen Blütenblättern verborgenes Lächeln.

Und jeder ging seinem eigenen Lächeln entgegen.

Die Flamme ging zur Flamme.

Die Toten kehrten zurück zu den Toten.

Der Wellensittich ging zum Wellensittich und die Ziege zu den Ziegen.

Jeder kehrte heim zu sich.

Aber zu sich heißt überall.

Denn der Mensch nach dem Menschen, das waren unzählige kleine Augen in einem großen Körper der Freude.

XL

Das Land von überall

Und hopp! machten sie sich beide auf den Weg.
Eines Tages, am Ufer dieses oder jenes Flusses, auf
dieser oder jener Lichtung sitzend, an diesem Fenster und
so vielen anderen Fenstern, die sich öffnen auf einen Fleck
Himmel mit bebenden Birkenblättern oder zitternden
Tannennadeln, oder auf ein schneebedecktes Tal oder
rote Ebenen mit einer langsamen Karawane, auf tosende
Meere, auf seidenglatte Meere, die ihre sanfte Brandung
ans Land spülen lassen, wieder und wieder, unter so vielen
Vogelschreien, so vielen Blicken für nichts, die einfach
schauen auf irgend etwas, aus einem Fenster oder keinem
Fenster, auf einer Straße, einer Bank, in einer Todeszelle
am Ende aller Blicke, an einem heiteren Morgen mit
Geißblattblümchen und Seegras – was träumten wir da,
welcher Musik lauschten wir, welcher Landschaft jenseits
der Landschaft, welchem Schrei am Ende, hinter der
Möwe und allen Möwen, im Unendlichen, wie ein Echo
aus namenlosen Meeren und niegesehenen Ländern? Wo
ist das Land, wo ist die Reise, wo denn dieser Schrei? Dieses
Etwas von allen Leben und allen Blicken, von allen
Schmerzen und einer Sekunde gleich einem Abgrund?
Was will man, was ist da?

XL – *Das Land von überall*

Und wenn man dem Gefängnis entronnen ist, wenn
man frei und leicht ist, was bleibt da noch und immer
wieder; auf dem Grunde eines Todeshofs wie am Ende
aller Sterne, welches Geheimnis, welches Murmeln einer
nie ersterbenden Brandung lockt dann immer noch?
Alle beide tauchten sie in die neuen Augen der Erde.
Gringo erhob sich mit dem Schrei der Möwe, er flog
und flog, kreiste über glatten, violetten Wassern, tauchte
in die Welle und flog erneut hoch, schrie über den Felsklippen, schrie auf den Fjorden, glitt mit der Brandung
dahin und ließ seine weißen Flügel auf einem kleinen,
reglosen Vogelfuß ruhen wie für Jahrhunderte; er ging mit
dem Eisbär, tauchte in die Wasser, schnappte den Silber-
fisch, tauchte noch einmal und schwamm in einer
köstlichen Wonne kleiner bebender Wellen auf dem Rük-
ken, und langsam verschwand er im Packeis, allein, in
einem königlichen Weiß für ganze Zeitalter des Schnees
oder kristallene Sekunden; er spielte hier und spielte dort,
rannte mit Rani, verschmolz mit den Wolken und tauchte
wieder auf in einem kleinen goldenen Wassertropfen am
Rande eines Blatts; sie rannten blindlings über Längen-
und Breitengrade, durchstreiften rosige und blaue Konti-
nente und unendliche, würzig duftende Wälder mit der
kleinen grünen Schlange und dem Leuchtkäfer, oder
ließen sich nieder im smaragdgrünen jungen Moos mit
drei Sonnenflecken wie ruhiger Samt für unwandelbare
Jahreszeiten; oder sie öffneten ihre Menschenaugen auf
den Blick, der ewig schaut, oder lauschten noch am Ende
des Schnees und der Jahreszeiten auf dieses Murmeln
eines anderen Landes hinter allen Ländern und diesen
Schrei jenseits aller Felsriffe – dieser Weg, auf dem noch
kein Vogel geflogen, kein Bär mit Entzücken gegangen

war und wo noch kein goldener Tropfen am Grashalm geglitzert hatte.

Und eines Morgens, am Ende der Zeiten, die keine Zeit oder alle Zeit der Freude in sich bargen, am Ende der Tage, die keine Uhrzeit kannten oder einzig eine Sekunde der Schönheit, am Ende zahlloser Leben und kleiner Augen von allen Farben und allen Wonnen, blickte Gringo Rani an, und Rani blickte Gringo an:

„Aber wo, wo denn ist die große Sonne allen Schnees, der Schrei aller Schreie, wo die kleine Perle, die mit allen Brandungen perlt, wo der Flügelwind am Rande aller Schwingen?"

Und sie blickten auf das Etwas, das nicht hier ist.

Da öffnete sich ein Tor auf dem Grunde ihres Herzens, das das Herz der Welt und das Herz aller kleinen Geschöpfe in der Welt war, ein Tor aus Schnee und Schweigen vor einem stillen Königreich, so still, daß es sich nicht bewegte, so reglos, daß es durchscheinend war und man es nicht sah, wie die Luft innerhalb der Luft oder wie ein Lächeln auf dem Grunde eines Blicks.

– Du hast mich gerufen, sagte eine Stimme.

Und diese Stimme schien von allen Schreien, von allen Geräuschen, von allen Brandungen, von aller je gehörten oder nie gehörten Musik zu kommen, wie der Ruf auf dem Grunde des Rufs, wie die Möwe auf dem Grunde des Winds, wie das Rauschen und Tosen aller wilden Meere.

Gringo schaute, Rani schaute, und sie sahen nichts.

– Ich bin da, ich bin überall da; *ich* schreie deinen Schrei in der Tiefe, *ich* schaue aus dem Grunde deiner Augen.

– Aber ich sehe dich nicht, sagte Gringo.

XL – *Das Land von überall*

– Wenn du mich sähest, würdest du noch weiter suchen, jenseits dessen, was du siehst. Ich bin das Anderswo des leichten Windes, ich bin das Anderswo von allem, was ist.

– Aber dann wird es nie hier sein, sagte Gringo.

– Es ist hier, es ist hier, sagte die Stimme; es ist die Seele der Schönheit hier, *die* Sekunde auf dem Grunde der Zeit. Da beugten sich Gringo und Rani über diese Sekunde wie über ein klares Wasser, wie über einen Brunnen von Schnee. Sie versanken in diese Sekunde aller Zeiten, aller Blicke, aller murmelnden Brandungen, die perlen und perlen, diese Sekunde jeder kleinen verirrten Minute am Rande eines Blatts, am Rande eines Flügels, am Ende eines Schreis, der auf dem Felsriff endlos widerhallt, am Ende von nichts, das da ist; sie ließen sich in diesen Ruf sinken, sie verschmolzen mit diesem Blick des Blickes.

Und es war wie eine plötzliche Magie.

Ein umgestülpter Spiegel.

Ein Lächeln, das aus stillen Wassern steigt und das ganze klare Becken überflutet und den ganzen Brunnen des Blicks und jede Sekunde der Zeit und jede kleine Perle der ewigen Brandung mit seiner Gegenwart erfüllt. Es war das, was schaute, das, was suchte, das, was rief und liebte auf dem Grunde einer jeden kleinen Sekunde wie in der Tiefe goldener Ewigkeiten. Es war das Anderswo von hier, die Zeit des Schnees unter allen Zeiten der Not und der Freude, die kleine Öffnung des Lächelns hinter allen Qualen, allen Wonnen, das kleine Nichts, das alles erfüllt, so leicht, daß man es nicht sieht, so still wie das Schweigen vom Schweigen und das leise Flügelrauschen von allem, was passiert.

Gringo und Rani traten in dieses Lächeln, und es war der Anfang der Welt, und ihre Mitte und ihr Ende, ihr kleiner rosafarbener Tropfen inmitten aller Regenbögen, ihr kleiner reiner Tropfen inmitten jeder Sekunde, ihr Vogelschrei hinter allen Fjorden und allen Leiden, ihr großer Raum auf dem Grunde der Brandungen, während die Zeitalter vergehen und die Welten sich ändern.

Dann brauchte sich nichts mehr zu ändern, denn sie waren in einem gleichen Lächeln überall. Wie die kleine grüne Alge im Wildbach, die murmelt: „Noch einmal" ... Und „immer wieder."

Land's End
19. September 1979

Satprem wurde 1923 in Paris geboren, ist aber auch von bretonischer Abstammung. Den Großteil seiner Kindheit verbrachte er auf dem Meer. Seine Aktivitäten im Widerstand gegen die deutsche Besatzungsmacht endeten mit anderthalb Jahren Konzentrationslager. Noch zutiefst erschüttert von diesem Erlebnis trat er 1946 in Pondicherry einen Posten in der Administration des französischen Hoheitsgebiets im Kabinett des Gouverneurs François Baron an. Zu diesem Zeitpunkt traf er Sri Aurobindo und Mutter zum erstenmal. Nach abenteuerlichen Reisen, die ihn nach Guayana, Brasilien und Afrika führten, kehrte er 1954 endgültig zu Mutter zurück, um ihr Vertrauter und Zeuge zu werden. Tag für Tag notierte er die Erfahrungen, die sie ihm anvertraute; sie bilden *Mutters Agenda*, das fabelhafte „Logbuch" des Weges zu einer neuen Spezies.

Weitere Bücher von Satprem:

Sri Aurobindo oder Das Abenteuer des Bewußtseins, 348 Seiten, Verlag Hinder + Deelmann, 1991
Mutter oder Der Göttliche Materialismus, 354 Seiten,
Mutter oder Die Neue Spezies, 440 Seiten,
Mutter oder Die Mutation des Todes, 268 Seiten, Verlag Hinder + Deelmann, 1992-1994
Notizen aus dem Labor, 240 S., Institut für Evolutionsforschung, 1992
Das Leben ohne Tod, 195 S., Ch. Falk Verlag, 1993
Der Sonnenweg, 224 Seiten, Neuauflage
Der kommende Atem, 210 Seiten, Daimon Verlag, 1987
Das Mental der Zellen, 230 Seiten, Daimon Verlag/IfE, 1992
Der Aufstand der Erde, 84 Seiten, Daimon Verlag/IfE, 1993
Evolution II, 128 Seiten, Daimon Verlag/IfE, 1993
Die Tragödie der Erde – Von Sophokles zu Sri Aurobindo 214 Seiten, IfE

Von Satprem herausgegeben:
Mutters Agenda in 13 Bänden: das Logbuch eines sich über 22 Jahre erstreckenden Prozesses der Erforschung eines neuen Bewußtseins im Körper.

www.ingramcontent.com/pod-product-compliance
Lightning Source LLC
Chambersburg PA
CBHW031954040426
42448CB00006B/360